자신감을 키워주는 수학동화

12개의 황금열쇠

글쓴이 **김용세**
대구교육대학교를 졸업했고 아주대학교 영재교육센터에서 사이버 지도 교사로 잠깐 근무하기도 했습니다. 지금은 대구 비봉 초등학교에서 학생들을 가르치고 있습니다.
454545Kim@hanmail.net

그린이 **권송이**
서울시립대학교 환경조각과를 졸업하고, 상명대학교 대학원에서 일러스트를 공부하고 있습니다. 그린 책으로는 《치우대왕과 단군의 나라》, 《퍼지는 돈이 좋아》 등이 있습니다.

자신감을 키워주는 수학동화
12개의 황금열쇠

1판 1쇄 발행 | 2008. 9. 12.
1판 25쇄 발행 | 2023. 5. 24.

김용세 글 | 권송이 그림

발행처 김영사 | 발행인 고세규
등록번호 제 406-2003-036호
등록일자 1979. 5. 17.
주소 경기도 파주시 문발로 197(우10881)
전화 마케팅부 031-955-3100 편집부 031-955-3113~20
팩스 031-955-3111

ⓒ 2008 김용세, 권송이
이 책의 저작권은 저자에게 있습니다.
저자와 출판사의 허락 없이 내용의 일부를 인용하거나 발췌하는 것을 금합니다.

값은 표지에 있습니다.
ISBN 978-89-349-3146-1 73800

좋은 독자가 좋은 책을 만듭니다. 김영사는 독자 여러분의 의견에 항상 귀 기울이고 있습니다.
전자우편 book@gimmyoung.com | 홈페이지 www.gimmyoungjr.com

어린이제품 안전특별법에 의한 표시사항
제품명 도서 제조년월일 2023년 5월 24일 제조사명 김영사 주소 10881 경기도 파주시 문발로 197
전화번호 031-955-3100 제조국명 대한민국 ⚠ 주의 책 모서리에 찍히거나 책장에 베이지 않게 조심하세요.

자신감을 키워주는 수학동화

12개의 황금열쇠

김용세 글 | 권송이 그림

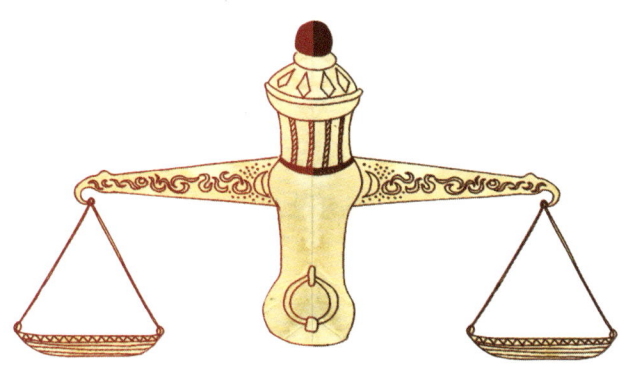

주니어김영사

지은이의 말

아이들에게 자신감을 키워 주는 수학 모험담이 되기를…

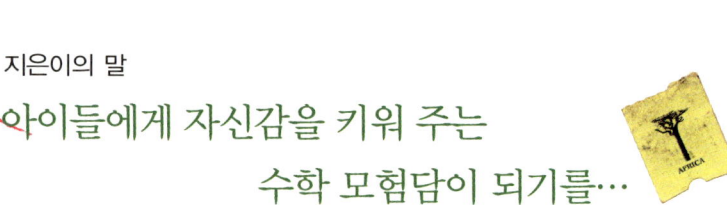

여러분은 '수학' 하면 어떤 느낌이 드나요? 자신감이 안 생긴다고요? 마음이 무거워지고 의기소침해진다고요?

선생님은 수학에 자신감이 없는 친구들을 많이 봐 왔어요. 그래서 '어떻게 하면 자신감을 키워 줄 수 있을까?' 하고 고민하게 되었지요.

선생님은 어릴 때부터 자연 속에서 뛰놀며 지냈어요. 그래서 자연과 생태를 다룬 다큐멘터리를 좋아해요. 어느 날 텔레비전을 보는데, 개미들이 떼 지어 다니는 모습이 나오는 거예요. 너무 기뻤어요. 어린 시절, 개미굴을 찾아내 개미들을 관찰하는 게 하루 일과였던 적이 많았거든요. 그런데 개미들이 지나가면 그 자리에 있던 나무들이 순식간에 사라져 버리고, 몸집이 큰 동물들도 먹잇감이 되는 거예요. 놀랍기도 했지만, 재미있는 호기심이 생겼지요.

'저 많은 개미들을 셀 수 있는 방법이 없을까?'

선생님은 곰곰이 생각하다가 곧 좋은 방법을 찾게 되었지요. 그것을 수학과 연결시켜서 아이들에게 알려 주었어요. 아이들은 개미에 관한 이야기라면서 흥미 있어 했어요. 자신감도 생긴다고 했지요.

이렇게 해서 선생님은 수학 개념과 공식들을 동식물에 관한 이야기에 접목해서 하나 둘 만들기 시작했어요.

그렇게 해서 아이들에게 들려준 수학은 동화도 되었다가 영화도 되었다가 때론 다큐멘터리도 되었답니다. 아이들도 아주 좋아했지만, 선생님도 수학을 가르치는 게 그렇게 신이 날 수가 없었어요.

여러분, 수학을 억지로 배우는 사람과 수학에 흥미를 느껴서 스스로 공부하는 사람은 나중에 큰 차이를 보입니다. 억지로 공부하는 데에는 많은 노력과 인내가 필요하지만, 스스로 원해서 하는 공부는 마음만 있으면 되거든요. 수학자들이 열심히 연구할 수 있었던 것도 수학을 좋아했기 때문 아닐까요?

이 책은 네 명의 아이들이 아프리카에서 펼치는 흥미진진한 수학 모험담이에요. 뜻밖에 가게 된 아프리카 여행이었지만, 복잡한 사건에 빠져들게 되고 위기를 만나게 되죠. 논리적이고 창의적인 발상으로 문제를 풀어야 빠져나올 수 있는데, 과연 아이들은 어떻게 해결하게 될까요?

선생님의 수학 수업 경험이 오롯이 들어가 있는 이 책이 여러분에게 즐거움을 주었으면 좋겠어요.

늘 힘이 돼 준 아내와 가족들 그리고 많은 조언과 노력을 쏟아 준 편집부 여러분과 김광원 선생님께 고마움을 전합니다. 많은 지혜를 내려 주신 하나님께 이 영광을 돌립니다.

김용세

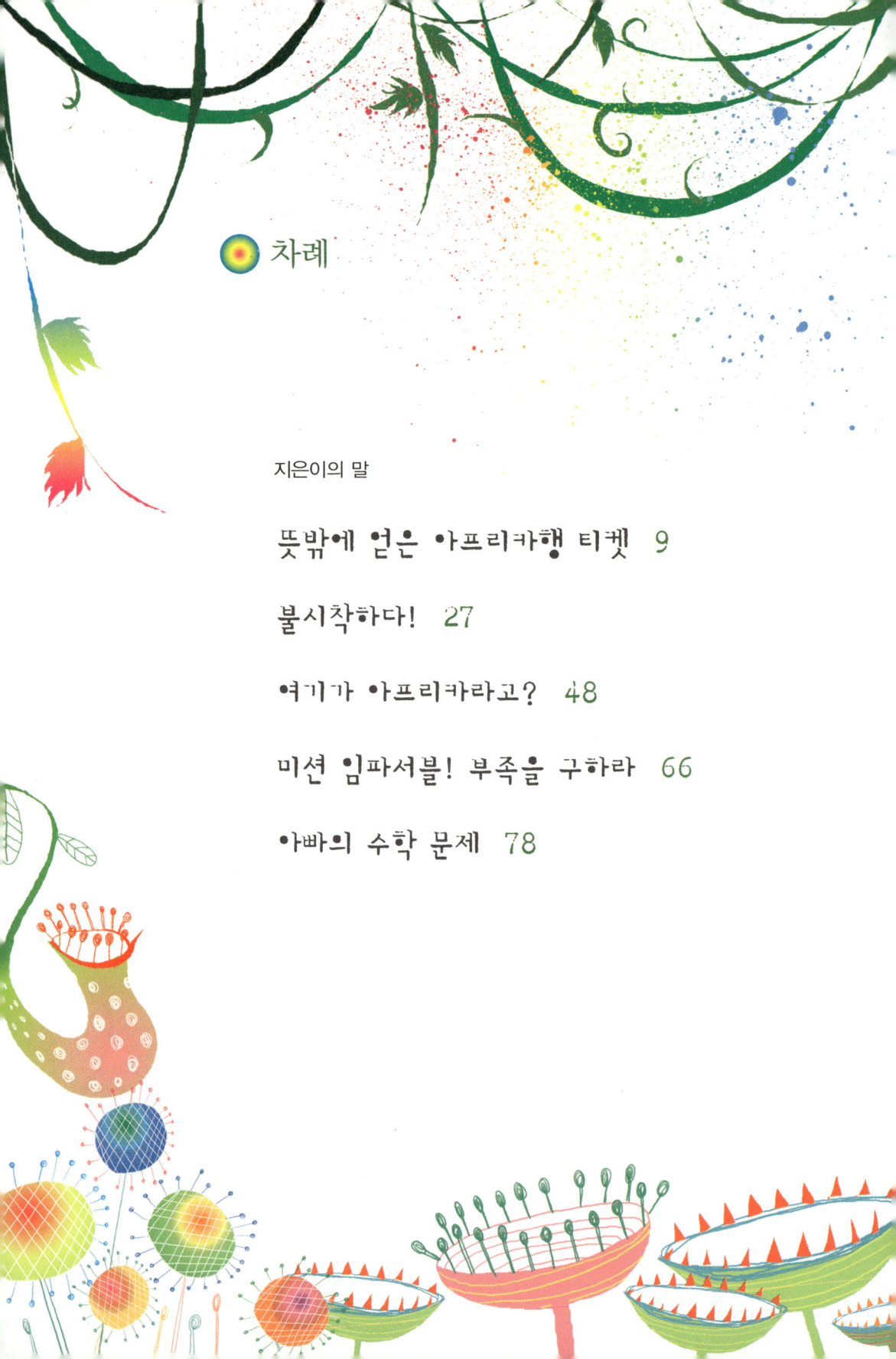

차례

지은이의 말

뜻밖에 얻은 아프리카행 티켓 9

불시착하다! 27

여기가 아프리카라고? 48

미션 임파서블! 부족을 구하라 66

아빠의 수학 문제 78

쿤타롤 대회 98

만나지움을 움직이게 할 수학 문제 125

사막에서 만난 회오리바람 147

피라미드에서 살아남는 법 157

12개의 황금열쇠 177

뜻밖에 얻은 아프리카행 티켓

"아주머니, 안 계세요? 우편물 가지고 왔는데요!"

일요일 낮, 단잠에 빠져 있던 지원이를 깨운 것은 옆집 아저씨의 외침 소리였다. 지원이는 무거운 눈꺼풀을 힘들게 뜨고는 눈을 비비며 일어났다. 어떻게 된 일인지 집에는 아무도 없었다.

'엄만 어디 가신 거야. 오랜만에 즐겨 보는 낮잠인데, 맘 편히 자지도 못하고……. 어휴, 정말!'

지원이는 뾰로통한 표정을 지으며 대문으로 나갔다. 문 앞에는 옆집 아저씨가 노란 서류 봉투를 들고 서 있었다.

"지원이구나. 엄만 안 계시니? 아무리 초인종을 눌러도 인기척이 없더구나?"

아저씨가 초인종을 가리키며 고개를 갸우뚱했다.

"아………, 고장 나서 그래요. 오래 기다리셨어요?"

지원이는 괜히 머쓱해져서 머리를 긁적였다.

"아, 아니다. 참, 이거 말이다. 그저께 왔던 우편물인데 내가 받아 뒀다. 지원이한테 온 것 같던데? 암튼 엄마께 말씀드리렴."

아저씨가 건넨 서류 봉투는 두 통이었다.

지원이는 봉투를 받아 들고 겉봉을 살폈다.

"아프리카로여행사?"

갑자기 지원이의 두 눈이 커다래지고 얼굴에서 잠이 싹 달아났다.

"호, 혹시?"

지원이는 두근거리는 가슴을 진정시키려고 크게 심호흡을 하며 봉투를 뜯었다.

축하합니다!
저희 아프리카로여행사에서 주최한 아프리카 여행 이벤트에
서지원 님이 2등으로 당첨되었습니다.

지난 달에 지원이는 삼촌과 함께 여행사에서 주최하는 아프리카 여행 이벤트에 응모를 했었다.

지원이는 이벤트에 응모를 하면서도 설마 이런 행운이 자신에게 올 수도 있다고 상상조차 못 했다. 꿈을 꾸고 있는 것은 아닌지 볼을 꼬집어 보았다. 아픈 걸 보니 틀림없는 현실이었다.

지원이는 남은 서류 봉투도 뜯었다. 여행사에서 삼촌에게 보낸 것이니, 삼촌도 당첨됐을 수도 있었다. 떨리는 손으로 안내문을 펼쳐 읽던 지원이의 손이 부르르 떨렸다.

"세상에! 이런 일이 있을 수 있다니. 삼촌이 1등에 당첨됐어!"

지원이는 허둥대며 신발을 현관에 휙 벗어던지고 집 안으로 들어와 냉큼 수화기를 들었다. 이 기쁜 소식을 삼촌에게 얼른 알려야 했다.

"삼촌! 우리가 당첨됐어요. 아프리카에 가게 됐다고요!"

지원이는 너무나 기뻐서 수화기를 들고 깡충깡충 뛰었다. 야생동물들이 뛰노는 아프리카를 상상하니 가슴이 벅차오르고 엉덩이가 들썩거렸다.

"가만, 내가 이러고 있을 때가 아니지."

지원이는 삼촌에게 연락한 뒤에 친구들에게 전화를 걸기 시작했다. 만약 당첨되면 소연, 석진, 형준이도 데리고 가겠다고 약속했기 때문이었다. 세 친구는 지원이와 늘 붙어다니는 단짝들이었다. 지원이는 친구들에게 꿈같은 얘기를 전하는 게 너무 행복했다.

"이제 형준이한테만 알리면 되겠군."

그때였다. 요란하게 전화벨 소리가 울렸다.

"지원이니? 나야, 나."

형준이었다.

"안 그래도 너한테 전화하려고 했었어! 형준아, 놀라지 마. 우리 아프리카로 떠나게 됐다!"

지원이가 소리쳤다.

"뭐? 정말이야? 왠지 너한테 전화하고 싶더라!"

"방학 다음 날 떠날 거니까 준비해."

"그렇게 빨리? 야호! 신난다."

형준이는 지원이에게 인터넷 메신저로 대화를 나누자고 말하려던 것도 깜빡 잊고 소리쳤다. 그리고 전화를 끊고도 들뜬 마음을 가라앉히지 못했다. 형준이는 상기된 얼굴로 모니터를 한참 바라보았다. 금방이라도 누 떼들과 얼룩말들이 튀어나올 것처럼 생동감이 넘치는 사진이 모니터를 가득 채우고 있었다. 지난번에 지원이가 세렝게티 초원을 찍은 거라면서 보내온 사진이었다. 형준이는 이 사진을 볼 때마다 가슴 속에서 꿈틀대는 뭔가를 느꼈고, 엉덩이가 들썩거릴 정도로 가슴이 설레곤 했다. 그런데 그 꿈이 현실이 된 것이다. 형준이는 크게 심호흡을 했다. 그런데 갑자기 한 가지 생각이 번쩍 났다.

'앗! 아프리카에 가면 게임을 한동안 못 하겠는걸.'

형준이는 밥보다도 더 좋아하는 게임을 실컷 해 둬야겠다는 생각이 들었다. 급히 스타크래프트를 실행시키고 아시아 서버에

접속했다. 그리고 길드원들의 방으로 이동한 뒤 바로 게임을 시작했다. 형준이는 빠르고 정교하게 손을 움직이면서 게임에 몰두했다.

그때 방문을 두드리는 소리가 들려왔다.

"형준아, 과일 좀 먹고 공부하렴."

엄마가 쟁반에 사과와 키위를 한 접시 담아 들어왔다. 형준이는 엄마에게 들킬까 봐 잽싸게 게임 프로그램을 닫고 새 창을 띄웠다. 순간적으로 '아프리카'라는 단어가 떠올라 검색창에 입력했다. 엔터를 치자 아프리카에 관한 사이트와 이미지, 동영상 등이 나왔다.

　엄마는 접시를 책상에 내려놓고 모니터를 유심히 들여다보다가 입을 열었다.

　"언제 아프리카로 갈 수 있을지 모르는데, 너무 기대하는 거 아니니? 그러다가 지원이가 당첨이 안 되면 실망이 클 텐데……."

　"참! 방금 지원이한테 들었는데요, 당첨됐대요! 엄마, 이제 정말 아프리카로 가게 됐어요."

　형준이는 웃음 가득한 얼굴로 말했다.

　"어머, 정말이니? 그럼 진작 말했어야지! 녀석, 신나겠네. 떠나기 전에 아프리카에 대해 많이 알아보고 가는 게 좋지. 그렇지만 너무 무리하진 마라."

　엄마가 나가자 형준이는 안도의 한숨을 내쉬었다. 형준이는 다시 아시아 서버에 접속하려고 스크롤바를 아래로 내렸다. 그런데 이상한 사진이 눈에 확 들어왔다.

　"이건 뭐야? 아프리카를 검색했는데 왜 미라가 나온 거지?"

　형준이는 호기심에 사진을 클릭했다. 그러자 아주 오래된 미라의 흉측한 모습이 화면을 가득 채웠다. 형준이는 등골이 오싹했다. 그런데도 손은 자꾸만 다른 이미지를 클릭해 갔다.

　형준이는 늦게까지 컴퓨터 앞에 앉아 있다가 꾸벅꾸벅 졸기 시작했다.

"어? 여기가 어디지?"

눈을 떠 보니 앞에 거대한 피라미드가 떡하니 서 있었다. 얼핏 보아도 높이가 100미터는 훨씬 넘게 보였다. 햇빛이 쨍쨍 내리쬐는 대낮이었지만, 피라미드 안에서 나오는 빛은 햇빛보다 더 강렬했다.

형준이는 넋이 나간 사람처럼 빛이 나오는 길을 따라 걸어 들어갔다.

"이리로 오너라."

형준이는 목소리가 들리는 쪽으로 움직였다. 안으로 들어서자 돌 문이 스르르 닫혔다. 그제야 정신이 든 형준이는 주위를 둘러보았다.

"내 집에 온 것을 환영한다."

피라미드 안을 웅장하게 울리는 목소리가 들려왔다.

"누, 누구시죠?"

"난 이집트의 왕, 쿠푸다."

이집트 왕의 옷차림을 한 어떤 할아버지가 모습을 드러냈다. 처음 만났지만 이상하게도 낯설지가 않았다.

"도대체 여, 여긴 어디죠? 제가 왜 여

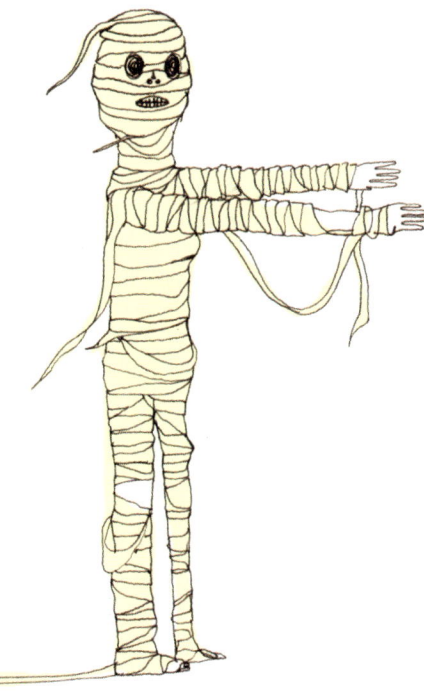

기 있는 건가요?"

형준이는 식은땀을 흘리며 간신히 물었다.

왕은 무표정한 얼굴로 형준이를 가만히 내려다보다가 입을 열었다.

"여기서 나가려면 문제를 풀어야 한다. 만일 못 푼다면 영원히 나와 함께 있어야 한다."

그 말을 들은 형준이는 휘청거렸다.

'도대체 무슨 문제를 풀라고 하는 거지? 그리고 여긴 어디지?'

형준이의 머릿속이 얽힌 실타래처럼 복잡해졌다.

"이 문제를 풀어 봐라"

왕의 말이 끝나기가 무섭게 형준이 앞에 커다란 모래시계와 양팔저울, 그리고 황금열쇠 네 개가 바닥에 나타났다.

"양팔저울을 두 번만 사용해서 가짜 황금열쇠 하나를 찾아내라. 진짜 황금열쇠는 무게가 모두 같지만, 가짜 황금열쇠는 다르다. 모래시계 속 모래가 다 흘러내리기 전에 풀어야 한다."

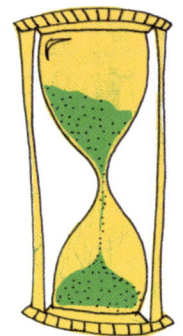

왕은 말을 마치자 흔적도 없이 사라졌다.

'이, 이건 꿈이야.'

형준이는 줄어드는 모래를 보면서 스스로 마음을 달랬다. 그러는 사이 모래는 절반이나 줄어들었고, 형준이는 불안에 휩싸여 갔다.

"에잇! 죽기 아니면 까무러치기다. 한번 풀어 보자."

형준이는 결단을 내렸다. 그리고 황금열쇠 네 개를 손바닥에 올려놓고 비교해 보았다. 하지만 무게의 차이를 전혀 알 수가 없었다. 모래는 5분의 1도 채 안 남아 있었다. 형준이는 마른침을 삼키고 여러 가지 경우의 수를 생각하기 시작했다.

먼저 양팔저울에 황금열쇠 두 개씩을 달아 보았다. 그러자 양팔저울이 오른쪽으로 기울었다.

'다음은 뭘 비교해야 할까? 양쪽의 무게가 다르니까 가짜 열쇠가 있다는 말인데…….'

고민을 하던 형준이는 시간이 얼마나 남았는지 확인하려고 모래시계 쪽을 보았다. 그 순간 마지막 남은 모래알들이 바닥으로 스르르 흘러내리고 있었다. 시간이 다 된 것이었다.

"아, 안 돼! 살려줘!"

형준이는 소리를 지르며 벌떡 일어났다. 온몸이 식은땀으로 범벅이 되어 있었다. 사방이 어스름했지만 자신이 어디에 있는

지 알 수는 있었다. 자신의 방이었다. 형준이는 꿈을 꾼 것이었다.

"우와! 드디어 여름방학이다!"

아이들은 환호성을 지르며 교실 밖으로 우르르 쏟아져 나왔다. 모두들 신난 얼굴로 방학에 무엇을 할 것인지 이야기꽃을 피웠다. 같은 반 친구들인 소연이와 석진, 형준, 지원이도 내일 떠날 여행에 대해 이야기하며 교문을 빠져나왔다.

횡단보도 앞에 이르자 소연이가 석진이에게 물었다.

"내일 떠날 준비는 다 한 거야?"

"뭐, 특별한 게 있겠냐? 옷 몇 벌이랑 휴대용 손선풍기, 세면도구만 챙기면 되지. 참, 한 가지 더 있다. 돋보기, 이건 관찰용이거든."

석진이가 가방에서 자기 얼굴만 한 돋보기를 꺼내 보이며 말했다.

"석진아, 네 안경도 돋보기……. 아, 아냐. 돋보인다고."

형준이는 웃음을 참으며 말했다.

"난 벌써 게임기를 세 대나 준비했어. 모두 최신형이지."

형준이는 게임기가 든 가방을 툭툭 치며 어깨를 으쓱했다.

"모두 똑같은 거 같은데, 세 대씩이나 가져가서 뭐 하려고?"

석진이가 장난기 섞인 말투로 물었다.

"야! 넌 공부만 하니까 잘 모를 거야. 이거 겉모양은 같아 보여도 프로그램은 전부 다르단 말이야."

"형준이는 대회에 출전하는 프로게이머 같아. 아프리카로 말이야."

소연이의 말에 아이들은 자지러지게 한바탕 웃어 댔다.

횡단보도를 건너 사거리에 이르자, 내일 만나자는 약속을 하고 각자 집으로 흩어졌다.

형준이도 서둘러 집으로 달려갔다. 형준이의 아빠는 작업실에서 일을 하고 있었다. 아빠는 컴퓨터 프로그램 개발자인데, 프리랜서로 일하고 있어서 낮에 집에 있는 경우가 많았다.

"형준아, 오늘부터 방학이라 좋겠구나?"

아빠가 웃으며 말했다.

"그럼요! 그리고 내일 아프리카로 떠날 생각을 하니, 오늘 밤에 잠 못 들 거 같아요."

형준이는 초원을 달리는 아프리카 야생동물을 떠올렸다. 동물원에서만 보던 사자나 표범, 치타들과는 확실히 다를 것 같았다.

"그런데 어쩌지? 떠나기 전에 아빠와 한 약속은 지켜야 할 거 같은데……. 아빠가 내준 문제를 풀기로 했잖니."

그러자 형준이의 얼굴이 금세 어두워졌다.

"그렇다고 침울해질 것까진 없잖아. 어차피 2주일이니 시간은 충분할 거야. 문제를 풀면 아빠가 축구화를 사 주겠다고 했잖아.

혹시 축구화가 필요 없는 거니?"

"그건 아니에요……."

"자, 그럼 다음 주까지 풀 문제를 말해 주마. 한 문제니까 그렇게 부담스럽진 않을 게다."

형준이는 지난번 겨울방학 때도 한 문제만 풀면 된다고 해서 가볍게 생각했다. 하지만 방학이 끝나는 날까지 풀지 못했다. 형준이는 이번엔 기필코 두 문제를 풀어서 축구화와 게임기를 받겠다고 마음 먹었다. 하지만 한편으로는 아프리카로 여행 가는 데도 문제를 풀어야 한다고 하는 아빠가 야속했다.

문제를 읽은 형준이는 침울한 표정을 지었다. 머릿속이 복잡해서 한동안 아무 말도 하지 않았다. 그런데 형준이가 갑자기 묘한 웃음을 지었다. 한 사람의 얼굴이 떠올랐기 때문이었다. 다름 아닌 형준이의 짝꿍, 석진이었다. 석진이는 수학에 관한 문제라면 어떤 것이든 관심을 가졌고 다른 과목들도 다 잘했다. 석진이라면 분명 이 문제를 해결해 줄 것 같았다. 형준이는 마음이 홀가분해져서 콧노래를 부르며 짐을 꾸렸다. 배낭을 머리맡에 두고 잠을 청했는데, 설레어서 한동안 잠을 이루지 못했다.

다음 날, 날씨가 너무도 쾌청했다. 형준이는 약속 시간에 맞춰 공항으로 갔다. 석진이와 지원, 소연, 지원이의 삼촌이 벌써 나와 있었다.

아프리카로 바로 가는 비행기가 우리나라에는 없어서 먼저 홍

야구, 축구, 농구, 배구 선수 네 명이 일렬로 지어져 있는 네 채의 집에 각각 살고 있다. 운동선수들은 취미도 모두 다르며, 기르는 애완동물도 모두 다르다. 그리고 서로 다른 음료수를 마신다. 다음 열 개의 단서를 가지고, 노래 부르는 게 취미인 운동선수를 찾아보자.

1. 첫 번째 집에는 농구 선수가 산다.
2. 물을 마시는 운동선수는 등산을 취미로 한다.
3. 축구 선수는 주스를 마신다.
4. 바둑이 취미인 운동선수는 토끼를 기른다.
5. 축구 선수는 개를 기르는 운동선수의 옆집에 산다.
6. 야구 선수는 고양이를 기른다.
7. 야구 선수 오른쪽 집에는 배구 선수가 산다.
8. 컴퓨터를 취미로 하는 운동선수의 왼쪽 집에는 주스를 마시는 운동선수가 산다.
9. 녹차를 마시는 운동선수는 거북이를 기른다.
10. 한 집에는 커피를 마시는 운동선수가 산다.

자, 노래 부르는 게 취미인 운동선수는 누구일까? 이 문제를 맞히면 축구화를 사 주마.

―아빠가―

콩에 가서 다시 비행기를 갈아탈 예정이었다.

"안내 말씀드리겠습니다. 17시 정각에 출발하는 홍콩행 비행기에 탑승하실 승객께서는 31번 게이트를 이용해 주시기 바랍니다."

형준이가 시계를 보니 오후 3시 40분이었다. 형준이는 친구들과 출국심사를 마치고 면세점을 잠시 둘러본 다음, 31번 게이트로 향했다. 그러고는 비행기에 올라탔다.

지원이의 삼촌은 동물에 대한 사랑과 관심이 남달랐다. 그래서 몇 년 동안 동물원에서 아르바이트도 했고, 아프리카 동물 동호회도 운영해서 웬만한 가이드보다 훨씬 많은 지식을 가지고 있었다. 아직 아프리카에 도착하지도 않았는데 삼촌은 벌써부터 신이 나서 아프리카 동물들의 재미있는 특징이나 습성들을 이야기해 주었다. 하지만 아이들은 삼촌의 말에 귀를 기울이면서도 각자 딴짓을 했다. 소연이는 무서워서 고개를 숙이고 있었고, 석진이는 점점 가까워지는 구름을 바라보고 있었다. 지원이와 형준이는 멀어져 가는 서울을 내려다보고 있었다. 이륙한 지 얼마 지나지 않아서 아이들은 우리나라 전체 모습을 창밖으로 볼 수 있었다.

"와! 하늘에서 내려다보니까 제주도가 정말 작은데?"

형준이가 흥분해서 소리쳤다.

"그런데 비행기에서 내려다보는 우리나라 모습과 지도와는 좀 다른 것 같지 않니?"

지원이가 창밖을 보며 고개를 갸우뚱거렸다.

"원래 지구는 둥근데 지도는 평면으로 만들어져서 다르게 보이는 거야. 아주 커다란 지구본이 있다면 우리가 보는 이 광경과 비슷하지 않을까?"

석진이가 만물박사답게 시원스레 대답했다.

"그런데 이렇게 무거운 비행기가 하늘을 난다는 게 정말 신기해."

지원이가 놀라운 표정을 지으며 감탄했다.

"나도 그래. 커다란 배들이 물에 뜨는 원리는 알지만, 비행기는 어떤 원리로 뜨는지 모르겠단

말이야."

형준이가 사탕을 입에 문 채 말을 꺼냈다.

"정말 그래. 공기는 아주 가벼워서 비행기를 떠받들고 있기가 힘들 텐데 말이야."

소연이도 한마디 거들었다.

"음……. 모형비행기를 떠올려 보면 쉽게 이해할 수 있지 않을까? 모형비행기 앞에는 프로펠러가 있고 양쪽에 커다란 날개가 있고 말이야. 그리고 뒤쪽에 방향을 잡을 수 있는 키와 작은 날개가 달려 있고. 그게 실제 비행기와 많이 비슷한 것 같아."

지원이가 생각의 전환점을 만들어 냈다.

"맞아! 비행기에는 양쪽 날개에 있는 커다란 제트엔진이 있어. 제트엔진의 추진력이 앞으로 가는 힘을 만들고, 양쪽의 큰 날개가 바람의 양력을 이용해 날 수 있도록 해 줘. 즉, 앞으로 가려는 힘과 속도에 의한 공기의 흐름이 균형을 잘 맞추면 비행기가 떠 있을 수 있게 돼. 비행기는 일정한 속도가 안 되면 이륙할 수가 없어. 속도가 느리면 비행기를 띄울 수 있는 양력이 생기지 않거든. 비행기가 수평으로 비행할 때는 최소 속도를 유지하게 되는데, 그보다 높으면 비행기가 더 위로 올라가고, 그보다 낮으면 아래로 내려가게 되는 거야."

석진이가 책에서 봤던 내용을 떠올리며 조리 있게 답변해 주었다.

"그럼 착륙할 때는 느린 속도로 비행하면서 비행기의 고도를 낮춰야겠구나."

소연이가 석진이의 말을 살짝 응용해서 말을 이었다.

"그렇지. 착륙할 때는 엔진을 끄고 날개 뒤쪽에 있는 도움날개들을 내려야 해. 그러면 공기에 대한 저항이 커져서 속도가 줄게 되고, 바퀴로 브레이크를 잡아서 비행기가 멈추게 되지."

석진이가 고개를 끄덕이며 말했다.

"너는 도대체 모르는 게 뭐니?"

소연이가 부럽다는 듯이 말했다.

"아는 거 말고는 다 모르지 뭐. 크크크."

석진이의 익살스런 대답 때문에 아이들은 한바탕 크게 웃었다. 승무원이 와서 조용히 하라고 주의를 주었지만, 아이들의 이야기는 끊이지 않았다.

형준이도 환하게 웃으며 재미있게 얘기를 나누었다. 그러다가 건너편에 있는 꼬마 여자아이가 과자를 먹고 있는 게 갑자기 눈에 들어왔다. 순간 형준이는 어젯밤의 악몽이 떠올랐다. 하필이면 그 과자 모양이 피라미드였다.

"아, 머리 아프다."

형준이가 손가락으로 관자놀이를 지그시 눌렀다.

"왜 그래, 형준아?"

지원이가 약간 걱정스런 표정을 지으며 물었다.

"얘들아, 혹시 아프리카에도 피라미드가 있니?"

형준이가 뜬금없는 질문을 하자, 세 아이들 모두 어리둥절한 표정을 지었다.

먼저 입을 연 것은 석진이었다.

"그렇지! 피라미드가 있는 이집트는 아프리카 북동부에 있어. 흔히 아프리카 하면 넓은 초원과 울창한 밀림만 상상하는데, 아프리카 대륙은 생각보다 훨씬 넓고 자연 환경이 다양한 곳이야. 사바나 기후의 초원과 열대우림의 밀림, 그리고……."

"그만, 거기까지! 그 정도면 충분해."

형준이가 석진이의 말을 자르며 다시 두 손으로 머리를 감쌌다. 쿠푸 왕의 무서운 얼굴이 떠올랐기 때문이었다.

불시착하다!

홍콩에서 비행기를 갈아타자, 아이들은 피곤했는지, 모두 잠에 빠졌다.

얼마나 시간이 지났을까? 비행기는 벌써 아프리카 상공을 지나고 있었다. 날씨가 좋지 않은지 안개가 뿌옇게 끼어서 창밖이 잘 보이지 않았다. 출발할 때는 날씨가 맑을 것이라고 했는데, 어디서 저렇게 짙은 안개가 몰려왔는지 착륙하기조차 힘들어 보였다. 바람도 점점 거세게 불기 시작했다. 비행기의 몸체가 위아래로 흔들렸다. 기내에 있는 사람들은 대부분 잠에서 깨어났고, 몇몇 사람들은 조금 긴장한 표정이었다. 하지만 아이들은 아랑곳하지 않고 '삼육구 게임'을 신나게 즐겼다.

그때 갑자기 비행기가 왼쪽으로 크게 기울며 심하게 흔들렸다. 승무원이 바로 뛰어나와 마이크를 잡고 소리쳤다.

"승객 여러분! 갑작스런 기류의 변화로 잠시 흔들린 것이니 안전벨트를 매주시기 바랍니다."

한쪽 구석에서 여승무원들이 걱정스러운 표정을 지으며 수군거리는 소리도 들렸다.

이때 기장의 다급한 목소리가 스피커를 통해 흘러나왔다.

"승객 여러분! 지금 불가피하게 비상착륙을 시도하겠으니 안전벨트를 단단히 매시고 안내 방송에 귀 기울여 주시기 바랍니다."

기장의 말이 채 끝나기도 전에 기체가 한 번 더 흔들렸다. 비행기는 아프리카의 평원 위를 아주 낮게 날기 시작했다. 평원이 한 폭의 풍경화처럼 창에 비쳤다. 매우 급박한 상황이었지만 바깥은 평온하고 아름다워 보였다. 어렴풋이 보이는 얼룩말들과 물가에서 물을 마시고 있는 아프리카물소 떼, 그리고 넓게 펼쳐진 초원이 아이들의 초조한 마음을 설레게 했다.

"우지끈, 쾅!"

갑자기 엄청난 소리와 함께 승객들의 몸이 앞으로 튕겨 나갔다. 잠시 후 비행기는 평원에 불시착했다. 날개는 부러졌고 방향키도 크게 파손되어 다시 비행하기에는 힘들어 보였다. 객실 여기저기에서 사람들의 비명 소리가 들렸다. 다행히 위험한 상황은 아니었다. 비상구가 열리자 승객들은 정신없이 빠져나오기 시작했다. 아이들은 사람들 틈에 끼어 뿔뿔이 흩어져 버렸다.

"소연아!"

지원이가 소연이를 애타게 불렀다. 석진이와 형준이는 지원의 목소리를 듣고는 얼른 달려갔다.

사람들이 비행기에서 거의 다 빠져나올 무렵에, 드디어 소연이가 모습을 드러냈다.

"소연아! 괜찮니? 네가 안 보여서 얼마나 걱정했는지 모른다."

삼촌이 안도의 한숨을 크게 쉬며 말했다.

사람들은 불시착한 비행기에서 멀찌감치 떨어져 있는 곳에 모였다. 승무원들은 계속해서 무전을 취했지만 번번이 실패했다.

한 시간쯤 지났을까? 짙은 안개와 바람은 온데간데없고 평화로운 아프리카 평원이 눈앞에 펼쳐졌다. 사람들은 조금씩 여유를 찾고 주변을 슬슬 둘러보기 시작했다. 그런데 어디선가 개 울부짖음 같은 소리가 들려오는 것이었다. 어디서 나타났는지 하이에나들이 불량배들처럼 떼 지어 몰려들기 시작했다. 대충 헤아려 봐도 사오십 마리는 되어 보였다.

"뜻하지 않게 사파리 관광을 여기서 하게 되는구나."

삼촌이 긴장하며 조용히 입을 열었다.

"하이에나를 텔레비전에서 볼 때는 그렇게 커 보이지 않았는데, 직접 보니까 너무 커서 무서워요."

형준이가 애써 태연한 척하며 말을 꺼냈다.

　승객들은 백여 명이었는데 대부분 노인과 여자, 아이들이었고, 건장한 남자는 열 명 남짓 되어 보였다. 승무원들도 몸무게가 90킬로그램 정도 되는 하이에나 앞에서 어떻게 행동해야 하는지 모르는 것 같았다. 그들에겐 대항할 무기도 없었고 고작 막대기 같은 것들이 전부였다.
　그때 삼촌이 승무원의 손에서 확성기를 빼앗아 들고 소리쳤다.
　"여러분! 비행기 주변을 절대로 떠나지 마시고 제 앞으로 모여 주시기 바랍니다. 하이에나는 무리를 벗어나는 어린이들이나 노인들을 공격할 겁니다. 그러니 어린이들과 노인들은 안쪽으로 모여 주시고, 건장한 남자들은 주위를 에워싸서 어린이와 노인들을 보호해 주시기 바랍니다."
　아무도 나서지 않자 삼촌이 나섰다.
　사람들은 비행기의 출구에서 조금 떨어진 곳에 둥글게 모여 섰다. 건장한 남자들은 무기가 될 만한 것들을 하나씩 들고 빙 둘러섰다. 정지 버튼을

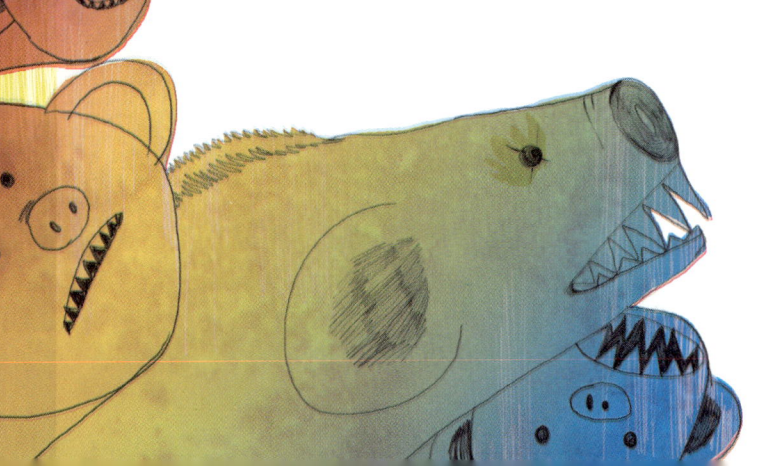

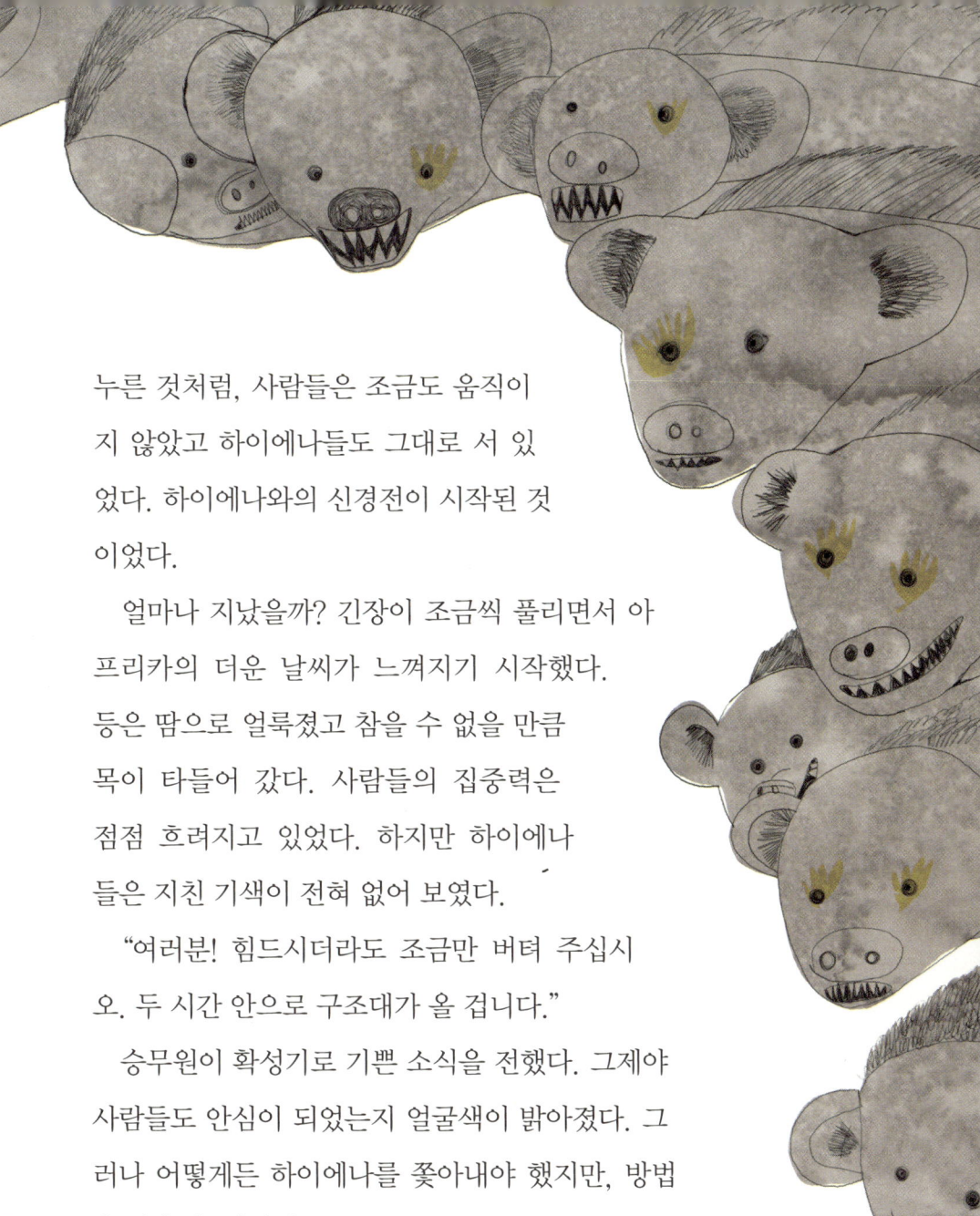

누른 것처럼, 사람들은 조금도 움직이지 않았고 하이에나들도 그대로 서 있었다. 하이에나와의 신경전이 시작된 것이었다.

얼마나 지났을까? 긴장이 조금씩 풀리면서 아프리카의 더운 날씨가 느껴지기 시작했다. 등은 땀으로 얼룩졌고 참을 수 없을 만큼 목이 타들어 갔다. 사람들의 집중력은 점점 흐려지고 있었다. 하지만 하이에나들은 지친 기색이 전혀 없어 보였다.

"여러분! 힘드시더라도 조금만 버텨 주십시오. 두 시간 안으로 구조대가 올 겁니다."

승무원이 확성기로 기쁜 소식을 전했다. 그제야 사람들도 안심이 되었는지 얼굴색이 밝아졌다. 그러나 어떻게든 하이에나를 쫓아내야 했지만, 방법을 찾을 수 없었다.

태양이 구름에 가려 시원한 바람이 잠깐 불어왔다. 에어컨에서 나오는 바람보다도 훨씬 더 시원했다. 하지만 하이에나들은 조금도 움직이지 않았다. 사람들이 지쳐서 빈 틈이 생기기를 기다리는 것 같았다.

삼촌은 여전히 하이에나를 경계하며 사람들 앞에 서 있었다. 두꺼운 구름이 떼를 지어 흘러와 강렬한 태양을 가렸다. 그러자 커다란 그늘이 생겨서 더위가 한층 누그러졌다. 조금 여유를 찾은 아이들은 들판에 앉아서 아프리카에 대한 이야기들을 풀어놓았다. 그런데 형준이의 표정이 갑자기 어두워졌다.

"형준아, 너 왜 그래? 어디 아프니?"

소연이가 묻자 형준이는 괜찮다고 하면서도 어두운 표정은 나아지지 않았다.

"너 혹시 볼일이 급한 거니?"

석진이가 형준이의 귀에 대고 가만히 속삭였다.

형준이는 말 대신 고개를 끄덕였다. 난감한 일이었다. 무리를 벗어나면 바로 하이에나의 밥이 될 거라는 것은 불 보듯 뻔했다. 시간이 지날수록 형준이의 얼굴은 점점 붉어져 갔고, 석진이도 덩달아 걱정이 되어 안절부절못했다.

삼십 분쯤 지났을까? 놀랍게도 하이에나들이 하나 둘씩 사라지기 시작했다. 게다가 기온이 선선해져서, 사람들은 편안한 마음으로 풀밭에 앉아 휴식을 취하며 구조대를 기다렸다.

형준이는 그 틈에 급한 볼일을 보기 위해 무리에서 조금 떨어진 커다란 고무나무 뒤로 갔다. 빨리 볼일을 마치려고 아랫배에 힘을 세게 주었다. 그런데 형준이의 발등 위로 개미 한 마리가 올라오는 것이었다. 형준이는 개미의 존재를 무시하고 더 힘을 주어 볼일 보는 데에 온 신경을 쏟았다. 그런데 개미 대여섯 마리가 형준이의 심기를 자꾸 건드리는 것이었다. 어떤 녀석들은 형준이의 뽀얀 살을 물기도 했다. 이런 상황에서 개미들까지 덤비니 형준이는 화가 머리끝까지 났다.

"참으려고 했더니 안 되겠군! 이놈의 개미들, 다 죽었어!"

형준이는 볼일을 마친 뒤 개미들을 때려잡기로 마음먹었다. 그런데 이게 웬일일까? 개미의 수가 점점 불어나 어느새 형준이의 웃옷에도 올라오고 양쪽 엉덩이에도 기어 올라왔다. 형준이는 손을 뻗어 닥치는 대로 개미들을 죽이기 시작했다.

"석진아, 아까부터 형준이가 안 보여."

비행기 앞에서 구조대를 기다리던 지원이가 석진이에게 말했다.

"으응, 잠깐 볼일이 좀 있나 봐."

석진이는 한쪽 눈을 찡긋하며 배 아픈 시늉을 했다. 옆에 있던 소연이가 손으로 입을 가리고 큭큭 웃어대자, 지원이도 그제야 눈치를 챘다.

"하하하. 그거였구나. 그거! 피할 수 없는 생리 현상!"

아이들은 오랜만에 까르르 웃었다. 그때 숲에서 이상한 소리

가 들려왔다. 낙엽 밟는 소리 같기도 하고 토끼가 풀을 뜯어 먹는 소리도 같았다. 때론 알 수 없는 금속 마찰음이 들려오기도 했다. 기분 나쁜 소리는 그뿐이 아니었다. 동물들이 내지르는 비명도 들리는 것 같았다. 아무튼 소름 끼치는 소리였다.

사람들이 웅성대기 시작했다. 그때 한 남자가 망원경을 꺼내 들고 초점을 맞추며 무슨 일인지 알아내려고 했다. 그 순간, 렌즈에 개미의 날카로운 집게 턱이 선명하게 잡혔다.

남자는 소스라치게 놀라 사람들을 향해 소리쳤다.

"마, 마라분타가 나타났어요! 모두 피하세요! 식인개미 떼입니다. 적어도 3헥타르는 되겠어요!"

남자는 떼로 몰려다니는 식인개미에 대해 잘 알고 있었다. 식인개미의 집게 턱은 가공할 만한 위력을 지녀서 식인개미 떼가 지나가면 모든 게 흔적도 없이 사라진다는 소문이 있을 정도였다. 조금 전부터 들렸던 소리는 개미 떼를 미처 피하지 못한 동물들의 비명이었다. 하이에나가 사라진 이유도 개미 떼 때문이었다.

삼촌은 아이들에게 숲의 반대쪽으로 빨리 도망치라고 소리쳤다. 그러고는 어린 아이들을 양팔에 하나씩 안고 뛰기 시작했다. 석진이와 지원, 소연이도 생각할 겨를 없이 개미 떼의 반대쪽으로 도망가기 시작했다. 그런데 갑자기 세 아이의 머릿속에 동시에 떠오르는 게 하나 있었다.

"맞다, 주형준!"

아이들은 동시에 멈칫했다. 하지만 형준이를 구하러 가기에는 식인개미들의 전진 속도가 너무나 빨랐다.

석진이가 숨을 고르며 한 발 앞으로 나섰다.

"내가 남자니까 형준이를 데리고 올게. 일단 너희 둘은 멀리 달아나서 안전한 곳에서 구조대를 기다려."

"야, 네가 남자면 뭐 하냐. 달리기는 나보다 못하면서."

"나도 달리기는 자신 있어."

소연이와 지원이도 함께 가자며 나섰다.

"그럼 지체할 시간이 없으니까 형준이가 있는 곳으로 빨리 가자."

삼촌은 다른 어린 아이들을 안고 뛰느라 세 아이들이 되돌아가는 것을 보지 못했다.

한편, 형준이는 다리와 팔, 엉덩이에 사정없이 달려드는 개미들을 떼어내느라 볼일을 제대로 볼 수가 없었다. 개미들이 너무 억세게 달려드는 바람에 하는 수 없이 물 티슈로 재빨리 뒤를 닦고는 바지를 올렸다.

"이놈의 개미들! 니들 이제 다 내 손에……!"

형준이는 개미들을 잡으려고 하다가 그만 입을 다물고 말았다. 여기저기 쓰러져 있던 고목들이 삽시간에 개미 기둥으로 바뀌더니 곧바로 먼지를 내며 사라져 가고 있었다. 땅은 무시무시한 검은 그림자로 덮여 갔다.

형준이는 너무 놀라 도망쳐야 한다는 생각만 들뿐 몸을 움직일 수가 없었다. 그저 멍하니 개미들을 바라보며 떨고 있을 뿐이었다.

"형준아, 어디 있니? 형준아!"

그때 아이들의 목소리가 들렸다.

"얘들아, 나 여기 있어!"

형준이는 정신을 차리고 소리쳤다.

"야, 볼일을 봤으면 빨리 와야지. 지금 어떤 상황인데 이러고 있냐?"

지원이가 톡 쏘아 대며 한마디 했다. 하지만 마음속으로는 형준이가 무사해서 안심이 되었다.

"지금 이럴 때가 아니야. 어서 여기서 빠져나가야 해."

그러나 개미 떼가 모든 길을 막아 나갈 곳이 없었다.

주변은 개미들 천지였다. 마치 넓은 백사장이 검게 변해 가는 것 같았다. 개미들의 수는 엄청났다. 아프리카 평원을 빼곡히 메운 개미들의 눈빛은 굶주림으로 이글이글 불타고 있었다. 아이들은 앞으로도, 옆으로도 갈 수 없고, 그렇다고 개미 떼를 향해 돌진할 수도 없는 상황이었다.

벌써 개미 몇 마리는 아이들의 신발 위로 기어오르기 시작했

다. 그때 물웅덩이 위에 떠 있는 나뭇잎 하나가 형준이의 눈에 들어왔다. 그러자 기막힌 아이디어가 번쩍 떠올랐다. 형준이는 주위를 재빠르게 살펴보더니 물웅덩이 바로 앞에 있는 커다란 통나무를 하나 발견했다.

"얘들아, 이걸 빨리 물에 띄우고 물웅덩이로 들어가자!"

그러자 석진이도 고개를 끄덕이며 찬성했다.

"그거 좋은 생각이다. 개미도 물속에는 못 들어올 거야!"

아이들은 서둘러 통나무를 굴렸다.

통나무가 "첨벙" 하고 물 위에 쓰러지더니 둥둥 떴다. 다행히 크기에 비해 밀도가 작아서 아이들이 매달리기엔 충분했다. 급하게 개미들을 따돌리고 물속으로 들어간 아이들은 서서히 여유를 찾았다.

"이건 정말 혼자 보기 아까운 광경이야."

지원이는 모자 주머니에 넣어 두었던 디지털카메라를 꺼내서 무시무시한 식인개미 모습을 찍기 시작했다.

"쟤는 정말 강심장인가 봐."

"이런 상황에 사진을 찍다니 말이야."

석진이와 형준이가 사진을 찍고 있는 지원이의 뒤통수에 대고

한마디씩 했다.

"그런데 개미가 모두 몇 마리나 될까?"

지원이가 셔터를 누르다 말고 뜬금없이 물었다.

"일억 마리는 되지 않을까?"

형준이가 인터넷을 검색하면서 보았던 내용을 떠올리며 말했다.

"우리가 개미를 직접 세어 보는 게 어때?"

아이들은 황당하고 엉뚱한 석진이의 말에 하마터면 통나무를 놓을 뻔했다.

"말도 안 돼. 가까이 다가갔다가는 개미 떼한테 물려 죽을 게 뻔한데? 게다가 저렇게 빨리 움직이는데……."

지원이가 어이없어 하며 말했다.

"사진 속에 있는 개미는 움직이지 않잖아?"

석진이가 지원이를 보며 말했다.

"사진에 찍힌 개미로 어떻게 수를 알아낸다는 거야?"

지원이가 못 믿겠다는 표정을 지었다.

석진이가 호주머니를 뒤져 동전을 꺼냈다.

"작년에 태국 갔을 때 태국 동전 1바트를 호기심에 자로 재어 봤어. 근데 오차 없이 지름이 2센티미터더라고. 내가 이 동전을 개미 있는 곳에 살짝 던질 테니 디지털카메라로 찍어 줘. 개미들 수를 알아낼 수 있다면 1바트의 가치는 충분할 거야."

통나무 위에서 개미 떼가 지나가기만 기다려야 하는 아이들로서는 시간을 보내기에 좋은 관심거리였다.

"내 디지털카메라가 최신형이라 그 정도는 식은 죽 먹기지."

지원이가 고개를 끄덕이며 말했다.

"자, 그럼 던진다! 개미가 동전 위로 충분히 올라온 다음에 찍어."

석진이가 팔을 쭉 뻗어 사진 찍기 좋은 곳에 동전을 살짝 던졌다. 동전이 떨어지기가 무섭게 개미들이 달려들었다. 눈 깜짝할 사이에 동전은 개미들로 뒤덮였다.

"지원아, 지금이야!"

석진이가 소리쳤다.

"알았어!"

지원이는 플래시를 터뜨리며 네 번을 연속 촬영한 뒤 아이들에게 보여 주었다.

개미들은 아주 선명하게 찍혔다. 몸집보다 아주 커다란 머리와 길고 날카로운 집게 턱과 잘록한 허리, 그리고 유난히 번들거리는 머리를 보자 아이들은 소름이 끼쳤다. 각각 6마리, 5마리, 4마리, 5마리의 개미들이 1바트 동전 위에 올라가 있었다.

"평균적으로 5마리네?"

형준이가 사진을 보며 말했다.

"이 자료가 정확하지는 않겠지만 대략 맞을 테니 한번 계산해 보자."

석진이가 형준이를 보며 말했다.

"동전 한 개의 넓이를 먼저 구해야 할 것 같아."

옆에서 가만히 지켜보던 소연이가 먼저 말을 꺼냈다.

"그럼 지름이 2센티미터니까 반지름은 1센티미터겠구나."

형준이가 재빨리 말했다.

"원의 넓이를 구하는 공식이 뭐였지?"

석진이가 모르는 척하면서 아이들에게 물었다.

"수학박사가 그것도 모르냐? 반지름에 반지름을 한 번 더 곱한 다음 3.14를 곱하면 되잖아."

(반지름) × (반지름) × 3.14 = (원의 넓이)

지원이가 그렇게 쉬운 걸 모르냐는 투로 말했다.

"반지름이 지름의 절반이니까 지름에 $\frac{1}{2}$을 곱하고, 거기에 반지름과 3.14를 곱해도 같은 값이 나오겠군."

소연이도 한마디 했다.

$$(\text{반지름}) \times 2 = (\text{지름})$$
$$\frac{1}{2} \times (\text{지름}) = (\text{반지름})$$
$$\frac{1}{2} \times (\text{지름}) \times (\text{반지름}) \times 3.14 = (\text{원의 넓이})$$

"그럼 반지름이 1센티미터니까 두 번 곱해 봐도 1이고, 거기에 3.14를 곱하면 1바트의 넓이는 3.14제곱센티미터겠군."

형준이가 재빨리 계산해서 말했다.

"그래, 맞아. 3.14제곱센티미터가 동전의 넓이야."

석진이가 고개를 끄덕이며 말했다.

"그런데 이 개미 떼의 넓이를 어떻게 알지?"

소연이가 알 수 없다는 표정을 지으며 물었다.

"아까 식인개미를 발견했던 아저씨가 소리지르며 했던 말 기억나? 3헥타르라고 했던 것 같은데……."

석준이가 형준이를 찾으러 오기 전에 망원경을 들고 있던 아저씨의 말을 떠올리며 말했다.

$$1\text{ha}(\text{헥타르}) = 100\text{m} \times 100\text{m} = 10{,}000\text{m}^2$$

"그럼 1헥타르의 넓이가 10,000제곱미터이니까 3헥타르이면 30,000제곱미터잖아. 다시 제곱센티미터로 환산하면 300,000,000제곱센티미터겠구나."

형준이가 헥타르를 제곱미터로 환산하여 말했다.

"대단한걸! 계산이 정말 빠른데."

지원이가 형준이를 보며 놀란 표정을 지었다.

"이 정도는 기본이지."

형준이가 어깨를 으쓱거렸다.

"그럼 다음은 뭘 구해야 하지?"

소연이도 흥미진진한지 아이들을 재촉했다.

"비례식을 만들면 될 것 같아."

석진이가 방향을 제시했다.

아이들은 동전 위로 올라온 개미들 수와 3헥타르 속에 있는 개미들 수를 비례식으로 만들었다.

비례식의 성질

비례식에서 내항의 곱과 외항의 곱은 같다.
예) $A:B=C:D$이면, $B \times C = A \times D$이다.

"동전의 넓이 3.14제곱센티미터 대 개미의 수 5를 왼쪽에 놓고, 300,000,000제곱센티미터 대 우리가 구할 전체 개미들 수를 오른쪽에 놓으면 되겠다."

지원이가 친구들이 말한 것을 토대로 식을 만들었다.

$$3.14 : 5 = 300,000,000 : X$$

"그런데 소수 둘째 자리까지 계산하면 너무 머리 아프지 않을까?"

복잡한 계산이 싫었는지 소연이가 의견을 냈다.

"그래. 어차피 어림잡아 구하는 거니까 그냥 3으로 하자."

"그게 좋겠어."

소연이와 석진이가 이야기를 주고받았다.

"그럼 식을 간단하게 고쳐 보면 $3 : 5 = 300,000,000 : X$ 이겠네."

형준이가 말했다.

"그럼 5 곱하기 3억을 한 뒤에 3으로 나누면 간단하겠는걸."

"미리 3과 3억을 약분하면 쉽지 않을까?"

지원이가 말한 풀이를 형준이가 간추려서 말했다.

"아하, 그러면 5억이 나오는구나!"

형준이와 지원이가 서로 이야기를 주고받으면서 답을 찾아냈다.

"그럼 우리를 에워싸고 있는 개미들이 대략 5억 마리라는 말이야?"

형준이는 계산해서 나온 개미들 수에 깜짝 놀랐다. 다른 아이들도 모두들 놀란 표정이었다. 그런데 정말 놀랄 일은 그것만이 아니었다.

"얘들아, 그런데 물웅덩이가 아까보다 작아진 것 같지 않니?"

소연이가 고개를 갸우뚱하며 물었다.

"듣고 보니 그런 것 같기도 하네……."

형준이가 머리를 긁적거리며 대답했다.

순간 아이들은 물웅덩이를 바라보다가 크게 놀라고 말았다.

개미들이 다닥다닥 붙어서 갉아먹던 나뭇가지들이 물 위로 떠 내려오고 있었다. 개미들은 해적들처럼 나뭇가지 위로 기어 올라왔다. 부러진 나뭇가지는 온통 개미 떼로 빼곡해서 마치 모내기 판의 모종 같아 보였다. 바람에 나뭇잎이 물 위로 떨어지면 순식간에 개미 떼의 보트가 되기 일쑤였다.

"이상하다. 개미들은 물을 싫어하는데……."

전혀 예상하지 못했던 일에 석진이도 당황하며 말했다.

"탐험가들의 경험을 들어 보면 개미 떼를 만났을 때 물웅덩이로 피해서 위기를 모면했다고 하던데……."

동물에 관한 지식이 해박한 지원이도 떼로 모여 물 위를 떠내려갔다는 개미에 대해 들어 보았다. 하지만 먹이를 잡기 위해 도구를 사용해서 물 위를 떠내려갔다는 이야기는 들어 본 적이 없었다. 이 개미들은 상당한 지능을 가진 게 틀림없었다.

개미 떼는 생각보다 빨리 다가왔다. 어느새 형준이가 매달린 쪽으로 개미들이 가까이 왔다. 형준이는 물살을 일으켜 개미 떼를 밀어내려고 했지만, 오히려 개미 떼와 다른 친구들과의 거리가 가까와질까 봐 아무런 저항도 못 했다.

운명의 순간이 얼마 남지 않았을 때, 갑자기 하얀 연기가 물 위를 메워 왔다. 아무런 냄새도 나지 않아 어떤 기체인지도 알 수 없었고, 어디서 피어오르는지도 전혀 알 수 없었다.

개미가 다가왔는지 형준이가 갑자기 소리를 질러 댔다.

"으악! 애들아, 나 좀 살려줘!"

형준이의 다급한 소리에 아이들의 가슴이 철렁 내려앉았다.

'형준이한테 개미 떼가 들이닥쳤으니 곧 우리한테도……'

아이들은 두려운 생각이 들었지만, 형준이를 구해 보려고 통나무를 잡고 형준이 쪽으로 나아갔다. 그러나 형준이가 통나무를 놓아 버린 것인지, 개미 떼가 형준이를 끌고 간 것인지 형준이가 보이지 않았다. 연기 때문에 아무것도 볼 수 없었기 때문에, 형준이가 어떻게 되었는지 아무도 알 수 없었다.

그 순간 지원이의 비명이 들렸다.

"애들아! 다, 다리가……."

지원이는 이 말을 끝으로 사라지고 말았다. 이제 남은 건 소연이와 석진이뿐이었다.

"개미 떼가 형준이와 지원이를 해쳤다면 분명 우리한테도 달려들었을 거야. 그런데 우리는 아무렇지 않으니 어떻게 된 거지?"

하지만 또다시 연기가 피어오르더니 석진이와 소연이도 물속으로 빨려 들어가고 말았다.

여기가 아프리카라고?

석진이와 소연이는 긴 잠을 자고 일어난 것처럼 머리가 무거웠다.

"어…… 여기가 어디지?"

두 아이는 놀란 얼굴로 주위를 둘러보았다. 한 번도 와 본 적이 없는 밀림이었다. 아프리카는 틀림없는 것 같았지만, 나무와 풀이 아주 크고 울창해 보였다.

"어, 저기 석진이랑 소연이가 있다!"

형준이와 지원이가 두 아이들을 찾아내고는 기뻐서 달려왔다.

"다행이야. 모두 무사해서……."

석진이가 안심한 얼굴로 말했다.

"난 물속으로 빠져들 때 이제 정말 죽는구나 싶었어."

가장 먼저 물속으로 빨려 들어간 형준이도 살아 있는 게 믿기지 않는다는 듯이 말했다.

아이들은 우선 주변을 살피기로 했다. 아이들이 서 있는 곳은 밀림의 한가운데에 있는 작은 평원이었다. 마치 영화 〈쥐라기 공원〉에 나왔던 곳과 비슷해 보였다.

기분 나쁜 동물들의 울음소리가 여기저기에서 들려왔다. 앞으로 갈수록 풀들이 무성해서 주위를 살펴보기가 힘들었다. 그런데 숲 사이사이로 좁은 길들이 나 있었다. 아이들은 그 길을 따라가면 사람들이 사는 곳이 나올지도 모른다고 생각하고, 그 길로 가기로 했다.

열대 지방의 더위는 정말 대단했다. 머리 꼭대기에서 내리쬐는 햇빛은 고인 물도 금세 말려 버릴 것처럼 뜨거웠다. 걷기 시작한 지 얼마 지나지 않았는데도 아이들은 비를 맞은 것처럼 땀을 흘렸다.

"아, 목마르다. 그늘에서 좀 쉬었다 가자."

형준이가 많이 지쳤는지 길가에 있는 나무 그늘을 가리켰다.

"그래, 나도 더 못 가겠어."

지원이도 땀을 닦으며 말했다.

아이들은 나무 밑에 가방을 두고 그늘에 나란히 앉았다. 나뭇잎에 무시무시한 가시들이 많이 나 있었지만 그늘을 만들기에는 안성맞춤이었다. 바람도 약간 불어서 제법 더위를 식혀 주었다. 아이들은 많이 피곤했는지 꾸벅꾸벅 졸다가 어느새 잠들고 말았다. 강하게 내리쬐던 햇빛은 점점 땅 가까이 내려오고 있었다.

"꺅!"

갑자기 단잠을 깨우는 지원의 비명이 밀림에 울려 퍼졌다. 그 소리에 놀란 새들이 푸드득 날갯짓하며 날아올랐다.

아이들은 깜짝 놀라 지원이를 쳐다보았다.

"거, 거미가 내 팔에……."

엄지손톱만 한 거미가 지원이의 팔에 붙어 있었다.

"난 또 뭐라고……."

형준이가 아무렇지도 않게 손가락으로 거미를 튕기자, 거미는 풀숲 사이로 떨어졌다.

"고맙다! 주형준!"

금세 안도하는 표정을 지으며 지원이가 얼굴을 붉혔다.

"고맙긴 뭘. 천하의 여장부가 거미를 무서워할 줄이야!"

형준이가 별것 아니라는 듯 어깨를 으쓱하며 장난쳤다.

"너, 지금 날 놀리는 거야?"

지원이가 얼굴을 붉으락푸르락하며 형준이를 노려보았다.

"누가 놀린다고 그래? 지금 보니 지원이 너도 여자애구나."

"암튼 지원이 덕분에 더위가 싸악 날아간 것 같아."

석진이가 웃으면서 끼어들었다.

"이제 그만 일어나서 가는 게 어때?"

소연이가 먼저 자리를 털고 일어섰다.

"그래, 땀도 식었고 햇빛도 많이 누그러져서 그렇게 덥지는 않겠는걸."

석진이가 하늘을 살펴보며 말했다.

아이들은 다시 배낭을 메고 길을 따라 걷기 시작했다. 더위는 한풀 꺾였지만 습한 공기 때문에 몸이 끈적거렸다. 그때 앞서가던 형준이가 갑자기 걸음을 멈추었다.

"얘들아, 잠깐! 이 소리 들리니?"

아이들은 가만히 멈추어 서서 귀를 기울였다. 그리 멀지 않은 곳에서 새소리가 들려왔다. 그런데 가만히 들어 보니 새들이 지저귀는 소리가 아니라 비명 같았다.

"새소리가 좀 이상해. 무슨 일이 있나 봐."

"어? 그런데 새소리가 그쳤어."

갑자기 소리가 뚝 그치자, 아이들은 기분 나쁜 기운이 감도는 것을 느꼈다.

"얘들아, 저기 좀 봐."

아이들은 석진이가 가리키는 곳을 바라보았다. 어른 손보다도 더 커 보이는 거미가 나무 위의 둥지에서 새끼 새의 목을 꽉 쥐고 있었다. 자세히 보니 새는 아프리카 갈색직박구리였다. 새끼는 숨이 거의 끊어져 가고 있었다.

"저 거미, 혹시 타란툴라 아니니?"

형준이는 인터넷에서 들쥐를 잡아먹는 거미 사진을 보았던 기억을 떠올렸다.

"맞아. 그런데 거미과 중에서 독이 있는 거미를 모두 '타란툴라'라고 해. 정확히 말해서 저 녀석은 '테라포사 레블론디'라는 남아프리카 거대거미인 것 같아. 큰 녀석은 어른 손만 하다던데 실제로 보니까 더 큰 것 같아."

석진이도 거미의 크기에 놀랐는지 조금 긴장한 목소리로 말했다.

"너무 무서워. 꼭 거미 마을에 온 것 같아."

그렇지 않아도 거미를 무서워하는 지원이가 몸을 움츠리면서 말했다.

"괜찮아. 테라포사 레블론디뿐 아니라 타란툴라는 사람처럼 큰 동물을 먼저 공격하지는 않아. 그리고 타란툴라의 독은 벌의 독과 비슷해. 간혹 더 센 녀석들이 있지만 물리더라도 열이 조금 나고 구토 증세가 있을 뿐 생명에는 지장이 없어."

석진이의 이야기를 들은 아이들은 그제야 안심을 하고 다시 걸음을 옮겼다. 종종 주먹만 한 거미들을 보긴 했지만 건드리지 않고 그냥 지나가니 거미들도 신경 쓰지 않았다.

"어, 저기 바나나가 많이 달려 있네?"

앞서 가던 형준이가 말했다.

아이들의 키 높이 정도 되는 곳에 바나나가 칡넝쿨처럼 달려 있었다.
"마침 잘됐다. 배 고픈데 저거라도 먹자."
형준이가 바나나를 향해 손을 뻗으며 다가갔다.
"잠깐!"
갑자기 석진이가 다급하게 불렀다. 하지만 때는 늦었다. 팔을 뻗는 순간 형준이의 몸이 앞으로 기울면서 밑으로 떨어지고 말았다.
"으악!"
형준이의 비명이 메아리처럼 밀림으로 퍼져 나갔다.
석진이는 재빨리 형준이가 떨어진 곳으로 달려갔다. 바나나가 달려 있는 곳 밑에 커다란 구덩이가 있었다. 그 구덩이 위로 새끼손가락 굵기만 한 줄들이 거미줄 모양으로 쳐 있었다. 형준이는 큰 대자로 끈끈한 줄에 붙어 있었다.
"형준아, 잠깐 기다려. 내가 구해 줄게."
"석진아! 누가 줄에 접착제를 발라 놨는지 움직일

수가 없어. 너도 그냥 내려왔다가는 나처럼 될 거야!"

아이들은 점점 다급해지기 시작했다.

"식인종들이 쳐 놓은 덫인가?"

지원이가 주위를 두리번거리며 살폈다.

"설마 거미줄은 아니겠지?"

소연이는 아차 하며 얼른 두 손으로 입을 막았다.

"아닐 거야. 이렇게 굵은 줄을 치려면 거미 덩치가 황소만큼 돼야 할 테니까."

석진이가 아니길 바라는 표정으로 말했다.

숲 속에서 불어온 바람이 구덩이에 회오리를 만들며 먼지를 일으켰다. 그 바람이 형준이의 땀을 닦아 주었다.

"얘들아, 저 아래를 봐!"

지원이가 깜짝 놀란 얼굴로 형준이가 매달린 곳의 아래쪽을 가리키며 소리쳤다.

바람이 불자 그곳에 쌓여 있던 흙먼지가 걷히면서 동물들의 털가죽이 모습을 드러냈다. 원숭이, 사슴, 심지어 뼈와 가죽만 남은 사자도 눈에 띄었다.

"피만 빨아먹었다면 거, 거미……!"

순간 형준이의 얼굴이 파랗게 질렸다.

석진이는 거미줄을 유심히 살펴보더니 형준에게 물었다.

"형준아, 너 키가 몇이야?"

"그건 왜 물어? 이런 상황에서 너 제정신이야?"

"얼른 대답이나 해."

"반올림해서 150센티미터야."

그러자 석진이는 재빨리 머릿속으로 계산을 했다.

'형준이가 매달려 있는 방사형 거미줄 간의 거리가 약 150센티미터라고 하면 가장 넓은 곳의 길이는…….'

석진이는 정신을 집중했다.

'c와 d의 길이의 비가 같다면 삼각형 (가)와 삼각형 (나)는 닮은꼴이니까 높이가 같을 것이고, 삼각형 (다)와 삼각형 (라)도 높이가 같겠군. 그러면 형준이의 키(150cm)와 (a+b)의 길이가 같을 테니 거미의 몸길이는 (a+b)×2가 되겠군.'

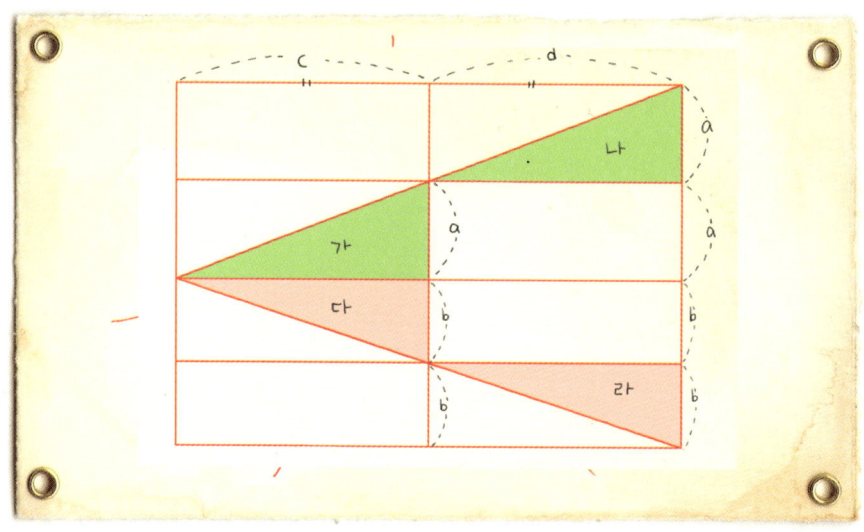

형준이의 키(150cm)=(a+b)

(a+a)+(b+b)

=(a+b)+(a+b)

=(a+b)×2

거미의 몸길이=(a+b)×2=형준이의 키(150cm)×2=300cm

'이것을 비례식으로 만들면 1 : 2 = 150 : ? 이군.'

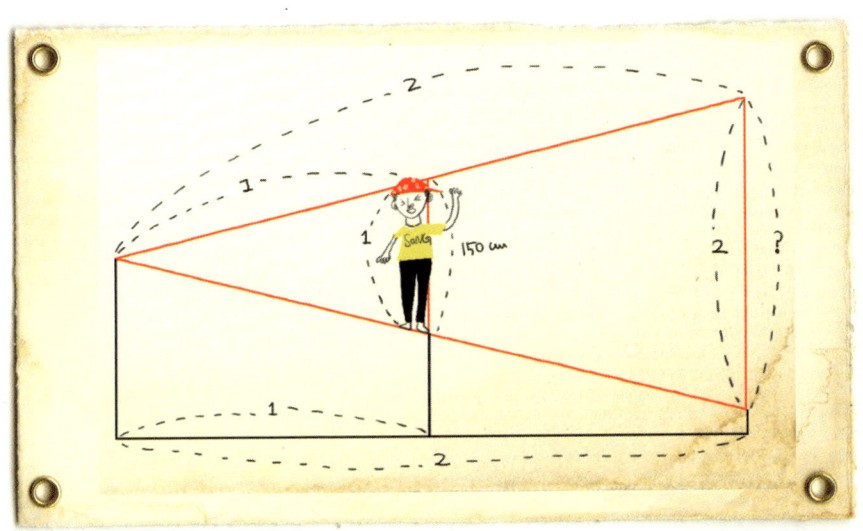

"거미는 최소한 몸길이가 3미터는 넘어."

형준이와 거미줄을 유심히 바라보던 석진이가 소리쳤다. 그리고 아이들에게 말했다.

"저 정도의 거미줄을 칠 수 있는 녀석이라면 3미터는 넘어야 해."

아이들은 석진이의 말에 놀라움을 감출 수 없었다.

"뭐라고? 그렇게 큰 거미가 어디 있니?"

형준이가 기겁을 하며 소리쳤다.

"이 일을 어째. 형준이는 이제…… 아, 생각만 해도 끔찍해."

지원이가 몸을 바르르 떨었다.

아이들이 형준이를 구하기 위해 이런저런 방안을 생각하는데, 쇠붙이가 마찰하는 듯한 소리가 숲 속에서 들려왔다. 그리고 무언가가 숲을 가르며 다가오는 소리가 들렸다.

"숲에서 이상한 소리가 나지 않았니?"

귀가 밝은 지원이가 물었다.

아이들 반대편에 있는 키 큰 풀들이 세차게 흔들렸다. 그러더니 수풀이 갈라지면서 거대한 거미 한 마리가 머리를 쑤욱 내미는 것이었다. 몸길이가 3미터는 족히 넘어 보였다.

"악!"

지원이는 신음을 짧게 내며 그 자리에 털썩 쓰러지고 말았다. 거대한 거미를 보고 너무 놀라 기절한 것이었다.

거대한 독거미답게 다리와 몸에는 덥수룩하게 털이 나 있었다. 갑옷을 입은 것 같은 밑마디, 도래마디, 넓적다리마디, 종아리마디, 발바닥마디, 발끝마디 모두 검은색이어서 아주 위협적으로 보였다. 그리고 머리가슴의 뒤쪽은 주황색이어서 검은색과 대비되어 강렬하게 보였다. 머리가슴의 검은 부분에 바둑알만한 작은 눈 6개와 야구공만큼 큰 눈 2개가 빛을 내고 있었다. 커다란 두 눈은 아이들을 위협하는 듯 보였다. 거미는 거미줄 위로 다리를 하나씩 올리더니 순식간에 거미줄 위에 올라왔다. 거미는 흐트러짐 없는 자세를 유지하면서 천천히 형준이 쪽으로 다가왔다. 형준이는 겁에 질려서 비명도 지르지 못하고 울고 있었다.

어느새 거미는 거미줄의 한복판에 이르렀다. 형준이는 모든 것을 포기한 듯 보였다. 석진이와 소연이는 아무도 없는 오지 속 밀림이었지만 도와달라고 크게 외쳤다. 하지만 목청껏 외쳐도 소용없었다. 이제 두 아이가 할 수 있는 일은 돌이라도 던져서 시간을 끄는 것뿐이었다. 석진이와 소연이는 닥치는 대로 돌을 집어서 거미를 향해 던졌다.

돌이 거미의 몸에 부딪혀 튕겨 나갔지만, 커다란 바위에 탁구공이 부딪히는 것처럼 아무 소용이 없었다. 하지만 석진이와 소연이는 포기하지 않았다.

"이제 던질 돌도 없어."

소연이가 지쳐서 숨을 헐떡였다.

"저 녀석의 약점은 어디일까?"

석진이가 예리한 눈빛으로 거미를 노려보았다.

"그래도 머리가 제일 약하지 않을까?"

소연이가 생각나는 대로 말했다.

"맞아, 왜 그 생각을 못 했을까? 아무리 거대거미라고 해도 눈은 얇고 약한 세포막으로 되어 있을 텐데 말이야."

왼손잡이인 석진이는 마지막 남은 돌을 왼손으로 꽉 쥐었다. 그리고는 투수가 야구공을 던지듯이 한쪽 발을 높이 치켜들고 거미의 눈을 향해서 전력투구했다. 하지만 아쉽게도 돌멩이는 거미의 왼쪽 눈가에 맞고 떨어지고 말았다.

"제발 녀석이 겁을 먹고 도망가야 할 텐데."

그런데 거미의 행동은 아이들의 기대와는 달랐다. 거미는 잠시 멈추었다가 다시 형준이를 향해 성큼성큼 다가갔다.

"이럴 수가!"

석진이와 소연이는 동시에 소리를 내질렀다. 거미가 아까보다 더 빠른 속도로 움직이는 것이었다. 석진이와 소연이는 다급하게 돌을 찾았지만 돌을 찾을 수가 없었다.

석진이와 소연이는 절망에 빠졌다.

"너희들이라도 어서 도망가! 이 녀석이 타란툴라라면 땅에서 사냥하는 능력도 보통은 아닐 거야."

오히려 형준이가 아이들을 걱정하며 소리쳤다. 드디어 거미의 육중한 몸이 형준이 앞에 다다랐다. 거미는 순식간에 형준이의 몸을 감싸 안았다. 얼마나 힘이 센지 형준이는 숨을 쉬지 못하고 얼굴이 점점 파랗게 변해 갔다. 녀석은 마지막 무기인 날카롭고 커다란 주홍빛 독니를 드러냈다. 독니 끝에 독이 한 방울씩 맺혀 있었다.

"꺄악!"

그 모습을 본 소연이가 소스라치게 놀라 비명을 지르며 가방을 땅에 떨어뜨렸다. 그런데 형준이를 삼켜 버릴 것 같은 기세로 달려들던 거미가 갑자기 동작을 멈춘 것이었다.

"거울이야!"

석진이가 얼른 가방에서 튀어 나온 거울을 집어 들었다. 그리고 거울로 거미의 눈을 겨냥했다. 거미는 약간 당황했는지 공격을 멈추고 앞다리로 빛을 막았다. 거울로 시간을 어느 정도 벌 수 있었지만 거미를 물리치기는 어려워 보였다.

"석진아, 그럼 이건 어때?"

소연이가 석진이 가방에서 돋보기를 얼른 꺼냈다.

"근데 태양이 거미 머리 위에 있는데 어떻게 거미를 겨냥하지? ……그래, 방향을 바꾸는 거야!"

석진이는 돋보기를 입에 물고 커다란 나무 위로 올라갔다. 다행히 나무 위에서 거미를 향해 돋보기를 조준하는 게 어렵지 않았다. 석진이는 팔을 뻗어 돋보기의 초점을 맞추기 시작했다. 거미의 눈에 돋보기의 초점이 정확히 맞자 "치이익" 하는 소리와 함께 흰 연기가 피어올랐다. 거미의 눈이 타들어 가자, 거미는 괴로운지 몸을 심하게 뒤틀면서 뒷걸음질 쳤다. 석진이의 공격은 쉴 새 없이 이어졌다. 여기저기 화상을 심하게 입은 거미의 몸은 만신창이가 되어 갔다.

"저것 봐! 거미가 뒷걸음질을 쳐!"

드디어 거미는 버티지 못하고 황급히 줄행랑을 놓았다.

"해냈다!"

"거미가 도망갔어!"

석진이는 돋보기를 물고 나무에서 내려왔다.

소연이가 지원이를 흔들어 깨우자 지원이도 정신을 차렸다.

그때였다. 거미가 사라진 숲에서 다시 "쉬익, 쉬이익" 하고 뭔가가 움직이는 소리가 났다.

"혹시 그 거미가 다른 거미들을 데리고 온 거 아닐까?"

소연이가 겁먹은 얼굴로 말했다.

"어? 사람이네?"

석진이가 놀란 표정을 지었다. 풀 속에서 나온 것은 거미가 아니라 같은 또래의 한 남자아이였다.

"넌 누구니?"

석진이가 용기를 내어 물었다.

"넌 누구니?"

그런데 그 아이는 대답 대신 석진이의 말을 따라 하는 것이었다. 소년은 아이들의 말을 계속 따라 했다. 그렇게 몇 번 하더니 더 이상 말을 따라 하지 않았다.

"안녕? 난 미루라고 해. 난 말을 빨리 배우는 능력을 가지고 있단다. 그래서 이곳에서 다른 부족들의 통역을 맡고 있지. 몇 번만 말을 따라 하면 금방 배워."

"아, 그랬구나! 반가워, 난 석진이라고 해."

미루

다른 아이들도 한 명씩 인사를 건넸다.

형준이를 쳐다보던 미루는 허리춤에서 주먹만 한 주머니와 칼을 꺼내서 거미줄 위로 올라갔다. 그러고는 주머니에서 뭔가를 꺼내서 거미줄에 뿌리고 손으로 거미줄을 "탁탁" 쳤다. 미루가 뿌린 가루 덕분에 거미줄이 더 이상 끈적거리지 않게 되었다.

"조금만 참아. 이제 다 됐어."

미루가 말했다.

"그, 그래. 고마워."

형준이는 안도하며 말했다.

미루는 입에 문 칼을 오른손으로 잡고 하늘 높이 칼을 치켜들었다가 빠른 속도로 내리쳤다. 그러자 순식간에 거미줄이 끊겼다. 미루는 한 가닥만 남기고 거미줄을 모두 잘라 냈다.

"자, 이제 이걸 잡아."

미루는 가루를 뿌린 거미줄을 형준이에게 건넸다. 형준이가 그 줄을 잡자 미루는 형준이의 몸에 붙은 마지막 거미줄도 빠르게 잘랐다. 미루는 형준이를 잽싸게 업고 거미줄 위를 달려서 빠져나왔다.

"정말 고마워!"

형준이가 미루를 와락 껴안으며 말했다.

"뭘……. 일단 우리 부족이 사는 곳으로 가자."

미루는 미소로 답하며 말했다.

"그래, 고마워. 거기서 주린 배 좀 채우자."
형준이가 배고픈지 배를 잡고 웃었다.

미션 임파서블! 부족을 구하라

멀리 가지 않아 미루가 사는 마을이 나타났다. 마을에 들어서자 부족 사람들이 이상한 눈으로 아이들을 쳐다보았고 잠시 싸늘한 기운이 감돌았다. 미루는 사람들에게 부족 말로 아이들을 소개했다. 그러자 어떻게 된 일인지 부족 사람들의 표정이 금방 바뀌었다. 몇몇 사람들은 반갑게 웃으면서 아이들을 맞이하기까지 했다.

"미루야, 뭐라고 했길래 사람들의 표정이 금세 바뀐 거야?"

"먼 나라에서 우리 부족을 구하러 온 사람들이라고 했어."

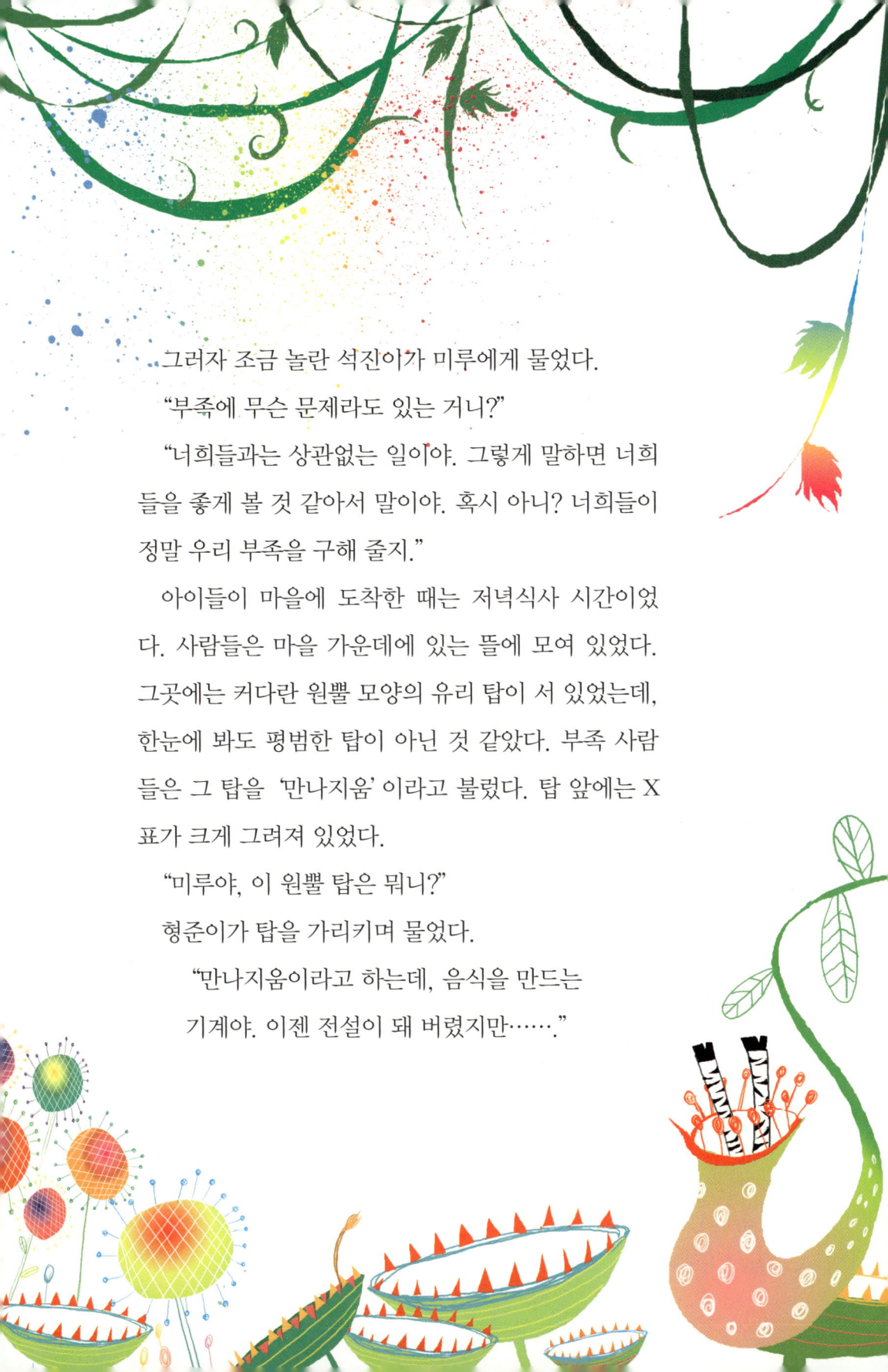

그러자 조금 놀란 석진이가 미루에게 물었다.

"부족에 무슨 문제라도 있는 거니?"

"너희들과는 상관없는 일이야. 그렇게 말하면 너희들을 좋게 볼 것 같아서 말이야. 혹시 아니? 너희들이 정말 우리 부족을 구해 줄지."

아이들이 마을에 도착한 때는 저녁식사 시간이었다. 사람들은 마을 가운데에 있는 뜰에 모여 있었다. 그곳에는 커다란 원뿔 모양의 유리 탑이 서 있었는데, 한눈에 봐도 평범한 탑이 아닌 것 같았다. 부족 사람들은 그 탑을 '만나지움'이라고 불렀다. 탑 앞에는 X 표가 크게 그려져 있었다.

"미루야, 이 원뿔 탑은 뭐니?"

형준이가 탑을 가리키며 물었다.

"만나지움이라고 하는데, 음식을 만드는 기계야. 이젠 전설이 돼 버렸지만……."

"전설이라니?"

형준이의 눈이 동그래졌다.

"내가 태어난 뒤로 한 번도 작동하지 않았대. 그래서 직접 본 적은 없지만 어떤 음식이든지 금방 만들어 내는 능력을 가졌대."

"와! 그것 참 신기하다."

형준이가 두 눈을 동그랗게 뜨며 감탄했다.

"그게 사실이라면 정말 대단한걸."

석진이도 놀란 표정을 지었다.

"아주 오래전 이곳은 과학이 아주 발달했었대. 그때 천재 과학자 롤쿡 박사와 제자들이 이 만나지움을 만들었대."

"이 기계가 음식을 만든다고? 믿을 수 없어."

지원이가 말도 안 된다는 투로 말했다.

"부족 원로들이 말씀하시길, 이 거대한 만나지움은 태양에너지로 작동하게 돼 있대. 자세히 보면 위아래의 색이 좀 다를 거야."

"위쪽에는 검은빛이 감돌고 아래쪽에는 녹색 빛이 보이는걸."

소연이가 손가락으로 만나지움을 가리켰다.

"맞아. 위쪽 유리판 안쪽에 있는 것은 태양광을 모으는 집열판들이야. 이렇게 모은 에너지로 다양한 에너지를 만드는 거야."

미루가 친절하게 설명해 주었다.

"이런 곳에 태양광을 이용한 장치가 있다니 놀라워!"

소연이가 감탄했다.

"아래쪽 녹색 부분은 광합성 판들이야. 거기서 음식을 만드는 데 필요한 양분들을 만들지. 아래에 있는 뿌리들은 식물의 뿌리와 비슷한 일을 해. 물론 거기서도 필요한 양분들을 생산해 내지."

"정말 신기하다."

미루의 말을 듣자, 형준이의 입이 벌어졌다.

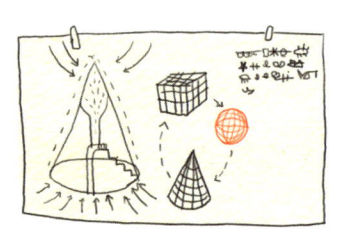

"이렇게 만들어진 양분들은 신호를 기다리고 있다가 사람들이 음식을 주문하면 태양광에서 얻은 에너지에 의해 단백질과 탄수화물, 지방, 무기질, 비타민과 같은 물질로 합성되어 음식으로 만들어져."

"와, 정말 대단해."

다시 형준이가 감탄했다.

"이렇게 멋진 기계를 왜 사용하지 않는 거니?"

지원이가 끼어들었다.

"만나지움이 만들어진 뒤부터 사람들은 일하지 않아도 실컷 먹

롤쿡 박사

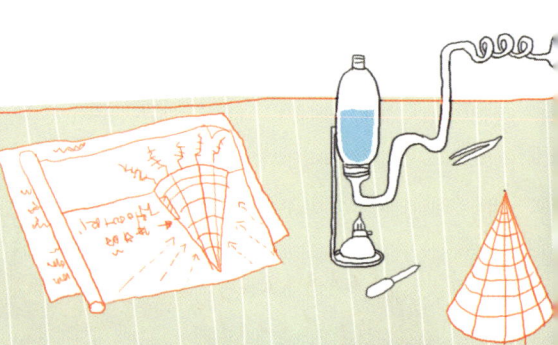

을 수 있게 됐어. 일을 해야 할 이유가 없어진 사람들은 아무 일도 하려 하지 않았지. 학생들도 공부할 필요가 없게 되자 매일 먹고 놀기만 했어."

미루의 얼굴이 잠깐 어두워졌다.

"내가 꿈꾸는 세상이야."

형준이가 침을 꿀꺽 삼키며 부러워했다.

"그래서 어떻게 됐지?"

지원이가 형준이의 말에 아랑곳하지 않고 진지하게 물었다.

"위대한 것은 순탄치 않나 봐. 롤쿡 박사가 죽고 난 뒤 큰 문제가 생겼거든. 얼마 지나지 않아서 만나지움도 멈춰 버린 거야."

"설마 롤쿡 박사가 죽었다고 해서, 만나지움도 따라서 멈췄다는 말은 아니겠지?"

"그건 아니야. 만나지움이 더 이상 음식을 만들지 않자 이상하게 생각한 사람들이 내부를 조사했대. 거기서 구슬 하나와 그 구슬을 싸고 있는 종이를 발견했대."

"뭐? 구슬?"

"종이?"

소연이와 지원이가 차례로 물었다.

"구슬을 싸고 있던 종이에 롤쿡 박사의 메시지가 적혀 있었어. 종이에 적힌 수학 문제를 풀어야만 만나지움이 다시 가동될 거라는 말과 함께, 문제가 하나 적혀 있대. 그리고 100년간 그 문제를 해결하지 못하면 다시는 만나지움을 사용할 수 없을 거라는 말도 함께."

"왜 박사가 그런 문제를 내서 사람들을 곤경에 빠뜨렸던 거지?"

석진이가 의문을 제기했다.

"나도 그게 이상해. 모두가 잘 먹고 잘살 수 있는데 말이야?"

지원이도 이해가 안 간다는 표정이었다.

"다 말하자면 너무 길어. 간단히 말하면 사람들이 박사를 더 이상 존경하지 않았기 때문이야."

미루는 잠시 숨을 돌리고 다시 말을 이었다.

"처음에 사람들은 박사를 극진히 떠받들었어. 하지만 점점 박사의 공로를 잊어버리고 모두 자신만 생각하게 됐지. 결국 박사가 없어도 만나지움만 있으면 된다고 생각한 거야."

"그래서?"

지원이가 재촉했다.

"사람들이 자신을 알아주지 않자, 박사는 만나지움에 특수한 장치를 몰래 만들어 넣었어. 중앙처리장치에 있는 태양에너지무한구슬을 빼내고 태양에너지충전구슬을 만들어 넣은 거지. 중앙처리장치가 멈추면 다른 기기들도 작동하지 않거든."

"처음에는 아무 조건 없이 사용할 수 있었는데, 구슬을 바꾼 뒤로는 충전된 구슬로 바꿔 줘야 한다는 거구나."

논리적인 사고를 잘하는 석진이가 미루의 말을 쉽게 풀어 주었다.

"그렇지. 이 구슬을 충전하는 데는 한 시간이면 충분해. 하지만 충전을 하려면 수학 문제 하나를 풀어야 해. 수학 문제는 10년에 한 문제씩 규칙적으로 나오게 설계되어 있대. 하나를 충전하면 정확히 10년 동안 사용할 수 있는 거야. 열흘만 있으면 만나지움이 멈춘 지 100년이 돼. 만일 100년 동안 문제를 풀지 못해서 충전된 구슬을 넣지 못하면 만나지움은 영원히 멈추는 거지."

"왜 100년 동안 단 한 문제도 못 푼 거지?"

수학에 관심이 많은 석진이가 물었다.

"우리 부족 사람들은 수학 문제를 풀 줄 몰라. 물론 나도 풀어 본 적이 없어. 어른들 말씀에 따르면, 원래 어려운 학문이 아니었는데 박사가 만든 장치만 믿고 사람들이 수학 공부를 하지 않는 바람에, 가르칠 사람이 없어져서 아무도 풀 수 없게 돼 버린 거래. 박사가 살던 때에는 모두가 수학을 배우고 즐겨 풀었지만, 지금은 수학을 공부하는 사람이 아무도 없어."

"정말 그렇겠구나. 공부를 안 해도 원하는 걸 얻을 수 있으니 누가 공부를 했겠어."

소연이가 미루의 말에 맞장구를 쳤다.

"사람들은 책을 내다 버리고 만나지움에만 의지하고 살았는데, 막상 박사가 죽고 나니 구슬에 에너지를 충전할 수 있는 문제를 아무도 풀 수 없게 된 거지. 문제가 쉬워도 풀 사람이 없는데, 갈수록 문제가 어려워져서 이제는 웬만큼 수학을 공부해도 풀 수 없게 됐대."

"그래서 사람들이 다시 사냥을 하게 되었구나."

미루가 대답 대신 고개를 끄덕였다.

"그런데 너희 부족은 원래 사람들이 적니?"

"아냐. 만나지움이 멈춘 뒤 몇 년간 가뭄까지 겹쳐서 굶주림으로 수천 명이 목숨을 잃었어. 올해는 다행히 날씨가 좋아서 풀들도 제법 있고 사냥감들도 있어서 식량 걱정은 하지 않지만, 사람들은 다시 가뭄이 들까 봐 두려워해. 만나지움을 다시 움직이게 하면 좋으련만……."

이곳의 날씨는 정말 예측하기가 어려웠다. 몇 년간 비가 많이 와서 밀림이 우거졌다가도 갑자기 비가 오지 않아 풀 한 포기 찾아보기 힘든 황야로 변해 버리곤 했다.

곰곰이 생각에 빠져 있던 석진이가 조심스럽게 입을 열었다.

"혹시 그 문제를 볼 수 있니?"

"문제지는 지금 한 장만 남아 있어. 박사가 만나지움에 문제 장치를 만들 때, 답과 함께 문제도 동시에 넣도록 만들었어. 그 답에 해당하는 구멍에 문제와 함께 넣어서 맞으면 작동하고 그렇지 않으면 다시 10년을 기다려야 하지. 그런데 10년 전에 추장님이 문제를 풀기 위해 만나지움에 들어갔었는데 문제를 못 푸셨대. 그래서 다음 도전자에게 도움을 주려고 하루가 지나기 전에 그곳에서 나오셨대."

"왜 하필 하루가 지나기 전에 나오셨던 거야?"

석진이가 물었다.

"문제가 출제된 뒤 하루가 지나면 답을 넣는 구멍이 막히고 만나지움 문도 닫혀. 그러면 10년 동안 밖으로 나올 수 없거든."

"그렇구나. 그럼 문제지는 추장님에게 있겠구나."

"추장님이 잘 보관하고 있다고 들었어."

"음……."

마을의 사정을 어느 정도 알게 된 석진이는 질문을 멈추었다.

"너희들 배고프지 않니? 일단 배도 좀 채우고 천천히 생각해 보자. 만나지움에서 문제가 나오려면 며칠 있어야 하니까. 문제가 너무 어려워서 너희들도 풀기 힘들 거야."

미루가 말했다.

"흠, 쉽지는 않겠지만 왠지 도전하고픈 마음이 막 생기는걸."

형준이가 의기양양하게 말했다.

"이번이 마지막 문제가 되지 않았으면 좋겠어. 할 수만 있으면 수학도 배우고 공부도 많이 해서 내가 풀 수 있으면 좋으련만……."

"100년이 다 되어 가니까 9개의 문제를 계속 틀렸다는 말이구나."

지원이가 머릿속으로 계산하고 말했다.

"그런 셈이지."

아이들은 문제가 그리 쉬운 게 아니라는 것을 충분히 짐작할 수 있었다. 모두들 생각에 잠겨 마을 쪽으로 발길을 옮겼다. 마을 광장에 이르니 남자들이 잡아온 톰슨가젤을 손질하고 있었고, 여자들은 그 고기로 탕을 끓이고 있었다. 부족 사람들은 사냥이 잘 되는 날에는 이렇게 포식했지만 그렇지 않은 날이 계속될 때면 풀뿌리에 곡물 몇 가지를 섞어 간 다음 죽을 쑤어 먹었다.

석진이와 형준, 소연, 지원이는 미루와 함께 톰슨가젤 탕을 배부르게 먹고 들판에 누워 밤하늘을 쳐다보았다.

"여기는 별이 정말 많구나."

소연이는 아름다운 별들이 반짝이는 밤하늘에 푹 빠진 듯해 보였다.

"오염되지 않아서 그런가 봐. 별이 쏟아질 것처럼 많고 밝게 빛나."

지원이도 한마디 거들었다.

"그런데 말이야. 그 수학 문제가 뭔지는 몰라도 한번 풀어 보고 싶어. 이왕이면 정답을 맞혀서 만나지움을 다시 움직이게 하고 싶어."

수학을 싫어하는 형준이가 뜻밖의 말을 했다.

"우리가 힘을 합해서 한번 해결해 보자."

아이들은 각자 손을 내밀고 파이팅을 외쳤다. 아이들의 눈빛이 밤하늘에 반짝이는 별들 같았다.

아빠의 수학 문제

다음 날 아침이 밝았다. 어제 아이들은 미루가 마련해 준 통나무집에서 단잠을 잤다.

부지런한 석진이는 산책도 할 겸 밖으로 나와 키 작은 파파야 나무에 등을 기대고 앉았다. 저 멀리 푸른 들판이 평온하게 보였다. 하늘엔 흰 양떼구름이 동쪽 하늘에서 서서히 다가오고 있었다. 양 떼가 막 지나간 자리에서 태양이 기지개를 켜고 있었다.

'어쩌다 보니 이곳에서 아프리카 여행을 시작한 셈이 됐네.'

생각에 잠겨 있는 석진이 곁으로 형준이가 다가왔다. 형준이는 뒷주머니에서 꼬깃꼬깃하게 접힌 종이 한 장을 꺼내 쑤욱 내밀며 멋쩍게 웃었다.

"이게 뭐야?"

"수학 문제야. 우리 아빠가 너랑 같이 풀어 보라고 주셨어. 만나지음의 문제를 풀기 전에 한번 풀어 보면 좋을 것 같은데……. 같이 풀지 않을래?"

"그럼 그렇게 해 볼까? 근데 이건 뭐지?"

석진이가 '문제를 맞히면 축구화를 사 주마.'라고 쓰인 부분을 손가락으로 가리켰다.

형준이는 뜨끔했다.

"실은 아빠가 이걸 풀어야 새 축구화를 사 주신다고 했거든. 근데 도저히 모르겠더라. 그래서 너한테 도움을 받았으면 하는 마음에…… 그리고 넌 이런 문제 좋아하잖아? 안 그래? 흐흐흐."

형준이는 조금 비굴한 웃음을 흘리며 말했다.

"너도 참……. 그럼 처음부터 그렇게 말하지, 왜 돌려서 말 하냐? 문제가 재미있어서 그냥 넘어가 준다."

석진이가 어이없는 표정을 지었다.

"고맙다, 석진아. 넌 정말 멋진 친구야."

형준이가 석진이를 와락 안았다.

"대신 이거 풀면 맛있는 거 사 주기다! 알았지?"

"당연하지! 배 터지게 사 줄 테니 좀 도와줘!"

형준이는 프리미어 리그의 크리스티아누 도날드가 신고 뛴다는 축구화를 떠올렸다.

"그런데 형준아, 문제가 쉽지는 않을 것 같아."

"우리 아빠가 좀 까다롭게 문제를 내시거든. 하지만 우리가 머리를 합치면 충분히 풀 수 있을 거야."

형준이가 석진이의 표정을 살피며 얼른 말했다.

"음, 그럼 관련 있는 단어끼리 먼저 모아서 생각해 보자."

석진이가 문제를 골똘히 들여다보며 말했다.

"그런데 모을 수 있는 기준도 딱히 없는 것 같은데?"

형준이는 도저히 모르겠다는 표정을 지으며 머리를 긁적였다.

"그렇긴 하구나."

"이렇게 하면 어떨까?"

석진이가 땅바닥에 네 채의 집을 그렸다.

"문제에 나온 대로 네 채의 집을 그린 뒤 조건을 하나씩 맞춰 보는 거야."

"그럼 표를 만들자!"

석진이와 형준이는 땅바닥에 가로와 세로가 네 칸씩 되는 표를 그리고 알 수 있는 칸부터 채워 가기로 했다. 우선 첫째 줄에는 운동선수를 적어 넣고, 둘째 줄에는 음료, 셋째 줄에는 취미, 넷째 줄에는 애완동물을 넣기로 했다.

"첫 번째 집에 농구선수가 산다고 했으니까, 첫째 줄 맨 앞 칸에 농구선수를 적어 넣고 동그라미를 치면 어떨까?"

석진이가 제안했다.

"동그라미는 왜?"

형준이가 물었다.

"확실한 것은 자리가 바뀔 일이 없잖아. 그러니 쉽게 알아보게 하려고."

"그래, 그게 좋겠다."

형준이가 고개를 끄덕였다.

"그런데 그 다음에는 확실히 알 수 있는 게 없는 것 같아."
형준이는 다시 모르겠다는 얼굴로 말했다.
"조건들을 잘 살펴보면 어떤 게 확실한지 알 수 있겠지."
석진이가 신중하게 말했다.
"그러고 보니 야구선수 오른쪽 집에 배구선수가 살려면 축구선수는 세 번째 집에 살 수 없겠는걸."
"맞다. 그걸 어떻게 찾아냈어?"
형준이는 석진이가 찾지 못한 걸 자기가 찾아내자 기뻤다.
"그러면 세 번째 집에 사는 운동선수는 주스를 마시지 않겠군."
석진이도 한마디 거들었다.
"조건이 올 수 없는 자리에는 ×표를 해 두자."
석진이는 첫째 줄 세 번째 칸에 '축구선수×'라고 적고, 그 아래 칸에 '주스×'라고 적었다.

운동선수	농구선수○		축구선수×	
음료			주스×	
취미				
애완동물				

"그 다음은…… 어휴, 전혀 감이 오지 않는걸."
그때 〈타잔〉에 나오는 제인처럼 차려입은 소녀들이 나타났는

데 놀랍게도 지원이와 소연이었다. 지원이는 원시소녀 같은 깜찍한 포즈를 취하고 있었고 소연이는 복장과 어울리지 않게 큐브 퍼즐을 들고 있었다.

"푸하하하!"

형준이가 둘을 보고 큰 소리로 웃었다.

"야, 너희들 옷차림이 그게 뭐냐?"

"로마에 가면 로마법을 따르라는 말도 모르니?"

지원이가 당당하게 말했다.

"지원이가 자꾸 입으라고 해서……. 근데 막상 이렇게 입으니까 정말 아프리카에 온 기분이 나. 여기가 훨씬 더 친근하게 느껴져."

지원이와 소연이가 제인처럼 폼을 잡으면서 대답했다.

"그럼, 우리도 타잔 옷으로 갈아입어야겠네?"

석진이가 농담으로 한마디 거들었다.

"그렇지 않아도 너희들이 입을 타잔 옷도 가져왔지. 짜잔! 미루가 준 거야."

지원이가 가죽 옷 두 벌을 내밀었다.

"우리도 어쩔 수 없이 타잔이 돼야겠는걸."

형준이와 석진이도 그렇게 싫지는 않은지 빙그레 웃으며 대답했다.

"좋아. 못 입을 건 없지만, 우선 노래 부르는 게 취미인 운동선수가 누군지 찾고 나서 입을게."

석진이가 문제지를 보여 주자 지원이와 소연이도 재미있겠다면서 문제에 빠져들었다.

"그런데 이렇게 복잡한 문제를 꼭 풀어야 하는 이유가 뭐야?"

지원이가 석진이에게 물었다.

"이걸 풀면 형준이가 맛있는 거 사 준대."

"와, 그럼 얼른 풀어야겠네."

지원이가 큰 눈을 더 크게 번뜩이면서 덤벼들었다. 아이들은 문제 속으로 흠뻑 빠져들었다.

"물을 마시는 운동선수가 등산을 좋아한다고 해도 이 운동선수에 대한 다른 설명이 전혀 없으니 어떻게 찾지?"

형준이가 고개를 저으며 말했다.

"그러게 말이야. 바둑을 두는 선수가 토끼를 기른다는 말 외엔 다른 힌트가 전혀 없어."

지원이는 골치가 아프다는 듯 손가락으로 관자놀이를 지그시 누르며 말했다.

"아, 정말 어렵다."

옆에 있던 소연이도 큐브퍼즐을 맞추면서 한마디 했다.

"뭐가 어렵다는 거니? 큐브가? 아니면 이 문제가?"

석진이가 소연이의 손에 있는 큐브를 응시하며 물었다.

"둘 다."

"소연아, 큐브는 나중에 하고 이 문제 먼저 풀어 보자."

석진이가 소연이를 설득했다.

"나도 그러고 싶은데 큐브가 손에서 떨어지지가 않아."

"이리 줘 봐. 육각큐브는 기준을 정해서 같은 모양으로 하나씩 맞춰 가야 쉽게 맞출 수 있어."

형준이가 소연이의 손에서 큐브를 뺏으면서 말했다.

"잘 봐."

형준이는 1분도 안 돼서 퍼즐을 맞추었다.

"와! 주형준, 대단한데? 너한테 이런 재주가 있다니 말이야."

"어릴 때부터 방에 굴러다니던 게 큐브였거든."

형준이가 우쭐거리며 말했다.

"이 문제도 큐브처럼 필요한 것을 하나씩 채워 가며 빈자리를 찾으면 되지 않을까?"

갑자기 석진이가 눈빛을 빛내며 말했다.

"그래. 이 문제도 퍼즐이라고 생각하면 쉽게 풀 수 있을 것 같

아."

형준이가 손가락을 튀기며 말했다.

"그럼 농구선수가 확실하게 자리를 잡고 있으니까, 농구선수를 기준으로 풀면 되겠네?"

"그런데 농구선수에 대한 힌트는 첫 번째 집이라는 것 말고는 아무것도 없어."

지원이의 질문에 석진이가 대답을 했다.

"그럼 세 번째 집에 살 수 없는 축구선수를 기준으로 해서 빈칸을 메워 가면 어떨까?"

"그래. 축구선수는 주스를 마신다고 했으니까 연결해서 생각해 보면 풀릴 것 같아."

형준이가 말했다.

"그리고 보니 8번 조건에 주스를 마시는 운동선수에 대한 게 있어."

석진이가 손가락으로 8번 조건을 가리켰다.

"그럼 주스를 마시는 운동선수가 축구선수니까, 컴퓨터를 취미로 하는 운동선수의 왼쪽에 축구선수가 산다는 말이겠네."

"그렇구나! 소연아, 대단한걸."

소연이의 말에 형준이가 박수를 치며 감탄했다.

"아! 이제 알겠어."

지원이가 기쁨의 환호성을 칠러는 찰나, 미루가 치타를 타고 아이들이 있는 곳으로 황급히 달려왔다.

"얘들아! 큰일 났어. 지금 추장님 댁에 불이 났대. 가족들은 무사하지만 마지막 수학 문제지가 불에 타게 생겼어."

"빨리 가 보자!"

형준이가 아이들에게 소리쳤다.

"너희들 모두 내 뒤에 올라타. 짐을 싣고 많이 달렸던 터라, 네 명 정도는 거뜬하게 태울 수 있어."

"그럼 빨리 가자."

석진이의 말이 떨어지지자마자 아이들은 모두 치타의 등에 올라탔다.

"치타야, 추장님 댁으로 빨리 가자."

미루가 명령을 내리자 치타는 알았다는 듯 머리를 끄덕이고 달려 나갔다. 아주 오랫동안 함께 지내서 그런지, 치타는 미루의 표정만 봐도 무엇을 하라는 뜻인지 금방 알아챘다. 석진이는 미루와 치타의 교감이 신기하기도 하고 부럽기도 했다.

아이들을 태운 치타는 쏜살같이 추장 집으로 달려갔다. 치타의 평균 속도가 시속 120킬로미터니까 2킬로미터 정도 떨어진 추장 집까지 1분이면 도착할 수 있었다.

추장 집에 도착한 석진이는 무엇부터 해야 할지 생각했다. 집 마당에서는 추장과 가족들이 불타는 집을 망연자실하게 보고만 있었다. 집 안쪽을 보니 문제지가 들어 있는 검은 상자는 아직

불에 붙지 않았다. 너무 깊이 있어서 꺼내기가 쉽지 않아 보였지만 그렇다고 불가능할 것 같지도 않았다. 문이 앞뒤로 나 있어서 빨리 지나가면 다치지 않고 상자를 꺼내 올 수 있을 것 같았다.

"미루야, 치타를 물에서 10초간 헤엄치게 하고 물도 한 양동이 떠 와."

석진이의 말에 미루는 치타를 타고 근처에 있는 웅덩이로 갔다가 잽싸게 달려왔다. 몸에서 물이 뚝뚝 떨어지는 치타를 보며 석진이가 다시 입을 열었다.

"미루야, 이번 일은 모든 게 너한테 달렸어. 문제를 꺼내 올 수만 있다면 푸는 것은 훨씬 쉬울 거야."

"알았어, 석진아."

미루가 고개를 끄덕였다.

"치타에게 물동이를 물고 집 안으로 들어가 상자에 물을 부은 뒤 상자의 손잡이를 물고 반대편 문으로 나오도록 명령해 봐."

"석진아, 치타가 훈련을 많이 했다지만 그건 무리야. 차라리 내가 함께 들어갈게. 소중한 내 친구인 치타만 불 속으로 보낼 수 없어."

미루는 치타의 등에 덮었던 가죽망토를 자신의 어깨에 둘렀다. 석진이는 할 수 없다는 듯 물동이를 들어 미루의 몸에 반쯤 부었다.

"이러면 덜 뜨거울 거야."

미루는 아이들에게 미소를 지어 보이고는 반쯤 남은 물동이를 오른손에 든 채 치타의 등에 올라탔다. 그리고 치타에게 출발 명령을 내렸다. 치타는 미루를 태우고 불 속으로 뛰어 들어갔다. 안으로 들어간 미루는 상자를 발견하자 얼른 물을 부으려고 했다. 그런데 치타의 얼굴을 보니 물기가 거의 증발해 버려서 화상을 입을 것만 같았다. 짧은 시간이었지만 미루의 머릿속에 많은 생각이 밀려들었다. 상자에 물을 부으면 치타가 화상을 심하게 입을 것 같았고, 치타에게 물을 부으면 상자가 뜨거워서 집을 수가 없을 것 같았다. 그 순간 좋은 생각이 떠올랐다.

미루는 치타의 얼굴에 물을 모두 쏟아 부었다. 그러자 치타의 얼굴을 적시면서 상자의 손잡이로 물이 떨어졌다. 손잡이에 물이 닿자 수증기가 소리를 내면서 피어올랐다. 미루는 재빨리 상자의 손잡이를 쥐고 치타에게 출발 신호를 내렸다. 미루를 태운 치타는 번개 같았다. 단 10초 만에 불길 속에 들어갔다가 반대편 문으로 나온 것이다. 다행히 치타와 미루는 무사했다.

"이야, 성공이다, 성공!"

아이들이 큰 소리로 외쳤다.

"미루야, 정말 수고했어. 너도 치타도 정말 멋지다."

형준이가 앞으로 나서며 맞이했다.

"뭘. 석진이가 좋은 방법을 알려주지 않았다면 해내지 못했을 거야. 물에 젖은 치타와 내가 입은 가죽 망토가 불을 막아 줬거든."

집은 활활 불타고 있었지만, 아이들은 위로와 격려를 나누었다. 좀 무모했을지 몰라도 불 속에서 상자를 안전하게 꺼내 올 수 있었던 것은 석진이의 좋은 아이디어와 미루의 용기, 치타의 빠른 움직임 덕분이었다. 아이들은 고단했지만 마음만은 가벼워져서 다시 치타를 타고 숙소로 돌아왔다.

한숨 돌리고 나서 파파야 나무 아래에 앉은 석진이는 좀 전에 풀던 문제를 꺼냈다.

"얘들아, 이왕 시작한 문제이니까 마저 푼 다음에 아까 꺼내 온 문제를 풀어 보는 게 어때?"

소연이와 지원이도 석진이 곁으로 다가와 앉았다. 하지만 형준이는 피곤한지 고무나무 잎으로 얼굴을 가리고 잠을 자고 있었다. 평소에도 머리를 기댈 수만 있으면 언제 어디서건 잠을 자는 형준이었다.

"야! 주형준!"

지원이가 자고 있는 형준이를 불렀다.

"그냥 둬. 많이 피곤했나 봐."

소연이가 지원이를 말렸다.

형준이는 이제 드르렁거리며 코까지 골았다.

"아까 어디까지 해결했는지 정리부터 해 보자."

"그래."

석진이의 말에 지원이와 소연이가 동시에 대답했다.

"아까 힌트가 가장 많은 축구선수를 중심으로 풀기로 했어. 축구선수는 주스를 마시고, 컴퓨터를 취미로 하는 운동선수의 왼쪽 집에 산다고 했어."

기억력이 좋은 소연이가 간략하게 정리했다.

"그럼 표에 어떻게 넣을 수 있을까?"

석진이가 표를 다시 그리며 말했다.

"농구선수의 경우처럼 확실한 자리가 있으면 그 왼쪽이나 오른쪽에 뭔가를 넣을 수 있어. 하지만 축구선수는 올 수 없는 자리를 알고 있는 것이라서 컴퓨터를 취미로 하는 운동선수를 확실하게 넣을 수는 없겠는걸?"

"지원이의 말을 듣고 보니 그러네. 그러면 지금 알아낸 사실로 더 찾을 수 있는 게 없을까?"

아이들은 잠시 고민에 빠졌다. 그때 형준이가 기지개를 켜며 일어났다.

"축구선수는 두 번째 집에 살고 있어."

형준이는 친구들을 놀려 주려고 코까지 골면서 자는 척했을 뿐 문제에 대해 계속 생각했던 것이었다.

"갑자기 웬 봉창 두드리는 소리야?"

지원이가 난데없이 툭 던진 형준이의 말에 쏘아붙였다.

"형준이 말이 맞아."

이번엔 소연이가 형준이의 의견에 맞장구를 쳤다.
"소연아, 왜 그래? 형준이의 말이 어떻게 맞다는 거야."
"지원아, 축구선수는 두 번째 집이나 네 번째 집에 살고 있어야 하지?"
"그렇지."
"그런데 축구선수는 컴퓨터를 취미로 하는 운동선수의 왼쪽 집에 산다고 했지?"
"그건 아까 다 했던 얘기……. 아! 그렇구나!"
지원이는 소연이에게 대꾸를 하다가 이제 알겠다는 듯 무릎을 탁 쳤다.
"이렇게 쉬운 걸 왜 못 찾고 있었을까?"

"그러게 말이야."

석진이는 세 번째 칸에 썼던 '축구선수×'를 지우개로 지우고, 두 번째 칸에 '축구선수○'라고 적었다.

"축구선수가 주스를 마신다고 했으니까 축구선수 아래 칸에 '주스'를 적으면 되겠구나."

"또 세 번째 줄, 세 번째 칸에는 '컴퓨터'를 적으면 되겠네."

지원이와 소연이가 연달아서 말했다.

"이제 뭔가 좀 풀리는 것 같아. 남은 빈칸을 채우는 것은 식은 죽 먹기지 뭐."

"그럼 어디 식은 죽 좀 먹어 볼까?"

지원이가 형준이의 말을 재치 있게 받아쳤다.

운동선수	농구선수○	축구선수○		
음료		주스○		
취미			컴퓨터○	
애완동물				

"농구선수와 축구선수의 자리가 정해졌으니 남은 두 칸에는 야구선수와 배구선수를 넣으면 되겠네."

"그래. 7번 조건에 나와 있듯 야구선수의 오른쪽에 배구선수가 산다고 했으니, 순서대로 세 번째 칸에는 '야구선수'를 넣고 마지막 네 번째 칸에는 '배구선수'를 넣으면 되겠구나."

소연이가 형준이의 말을 토대로 위치를 정했다.

운동선수	농구선수○	축구선수○	야구선수○	배구선수○
음료		주스○		
취미			컴퓨터○	
애완동물	개		고양이	

"6번 조건을 보면 야구선수는 고양이를 기르고 있다고 했으니까 '고양이'를 넣으면 되겠어. 그리고 5번 조건에서 축구선수는 개를 기르는 운동선수 옆집에 산다니까 개를 기르는 사람은 농구선수이겠군."

이번에는 소연이가 정리한 것을 가지고 형준이가 애완동물의 자리를 정했다.

석진이는 아이들이 말하는 것을 하나씩 표에 적어 넣었다. 여기까지 쓰자 아무도 입을 열지 않았다.

"야! 주형준. 빨리 식은 죽 좀 먹어 봐."

"네가 먹는다며?"

지원이와 형준이가 서로 먼저 풀어 보라면서 미루었다.

"9번 조건을 힌트로 하면 어떠니?"

말없이 계속 적어 가던 석진이가 입을 열었다.

9. 녹차를 마시는 운동선수는 거북이를 기른다.

"'녹차와 거북이'를 동시에 넣을 수 있는 곳이 배구선수밖에 없어."

운동선수	농구선수〇	축구선수〇	야구선수〇	배구선수〇
음료	물	주스〇		녹차
취미	등산	바둑	컴퓨터〇	
애완동물	개	토끼	고양이	거북이

"야, 이젠 정말 식은 죽 먹기다. '물과 등산'이 동시에 들어갈 수 있는 자리는 농구선수밖에 없고, '바둑과 토끼'가 동시에 들어갈 수 있는 자리는 축구선수밖에 없어. 그러니까 노래 부르는 게 취미인 운동선수는 바로……."

형준이가 말을 멈추자 아이들이 동시에 "배구선수"라고 큰 소리로 외쳤다.

"야호! 드디어 새 축구화를 살 수 있게 됐어."

형준이는 퀴즈대회의 우승자가 된 듯이 문제지를 들고 깡충깡충 뛰면서 빙빙 돌았다.

"얘들아, 여기서 뭐 하니?"

"어, 미루구나? 어서 와. 방금 우리 아빠가 내준 문제를 해결했어."

"이야! 정말 축하해. 참! 그런데 너희들, 혹시 내일 열리는 쿤타롤 대회에 나가지 않을래?"

"쿤타롤 대회가 뭔데?"

지원이가 물었다.

"대나무 가지를 잘라서 여러 가지 모양으로 연결한 다음 출발점에서 쇠구슬을 굴려서 가장 멋지게 도착점까지 가는 사람이 우승을 차지하는 대회야. 매년 열리고, 쿤타롤은 우리 마을의 전통 놀이지."

"그런데 이렇게 긴박한 상황에서 대회는 왜 여는 거니?"

"실은 이 대회 우승자가 만나지움의 문제를 풀 수 있는 우선권을 갖게 돼. 이 대회는 롤쿡 박사가 즐겨하던 놀이를 응용해서 만들어진 거야. 이렇게 하면 혹시 박사의 수학 문제를 푸는 데 도움이 되지 않을까 해서……. 도움이 안 되더라도 공정한 경쟁을 통해서 선발된 사람이 도전해야 실패하더라도 원망이 덜하지 않겠니?"

"그러고 보니 쿤타롤이 학교에서 선생님이랑 만들었던 롤러코스터와 비슷한 것 같아."

"정말 그러네. 원리도 같고 말이야."

아이들은 갑자기 자신감이 생겼다.

"구슬을 왼쪽과 오른쪽으로 순차적으로 나눠 보내는 롤러코스터를 만들어 보면 어떨까?"

"그거 좋은 생각이야."

석진이의 말에 소연이가 맞장구를 쳤다.

쿤타롤 대회

드디어 쿤타롤 대회 날이 밝았다. 어린아이부터 할아버지까지 제법 많은 사람들이 대회에 참가했다. 쿤타롤 대회는 최종 결승인 3차전까지 있는데, 오늘은 1차 예선을 통과한 7개 팀들이 2차전을 치를 예정이었다.

석진이와 형준, 지원, 소연이는 미루의 부탁을 받고 1차 예선을 치르지 않고 곧바로 2차전에 출전하게 되었다. 아이들은 필요한 물품들을 꼼꼼히 챙겨서 대회장에 나타났다. 대회장 중앙뜰에 있는 미루의 모습도 보였다. 그런데 미루의 복장이 평소와는 달라 보였다. 미루는 작년 대회에서 최초로 어린이 우승자가 되었다. 그래서 이번 대회에서 심사위원이 된 것이었다. 이번 대회의 심사위원은 미루를 포함해서 모두 아홉 명이었다.

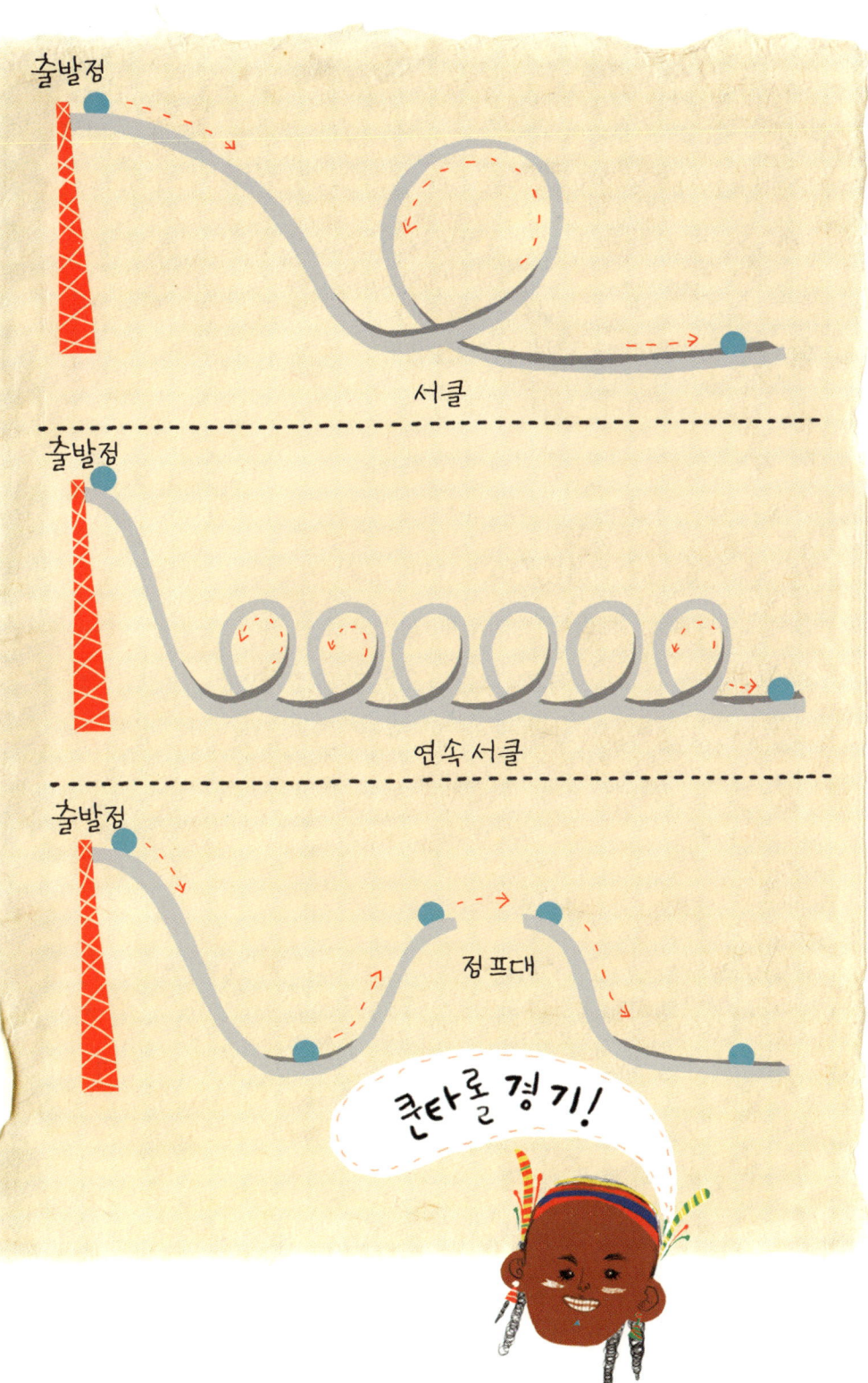

"두두둥 둥둥 두둥둥 두웅!"

대회의 시작을 알리는 북소리가 울리자, 참가자들은 빠른 손놀림으로 쿤타롤을 만들기 시작했다. 주어진 시간은 2토르였다. 토르는 이곳 사람들이 사용하는 시간의 단위로, 하루를 6등분으로 나눈 것이었다. 1토르는 4시간이다.

아이들은 형준이와 지원이가 한 팀, 석진이와 소연이가 한 팀이 되어 참가했다. 이 대회에서는 단체로 참가하건 개인으로 참가하건 중요하지 않았다. 아무리 많은 사람이 한 팀으로 참가하더라도 최종 결승전에는 단 한 명만 나갈 수 있었다. 이런 규정을 잘 아는 부족 사람들은 대부분 개인으로 출전했지만, 경험이 적거나 조작 능력이 미숙한 어린이들은 단체로 참가하곤 했다.

형준이가 쿤타롤을 만들며 미루에게 물었다.

"근데 궁금한 게 있어. 만나지움 문제를 여럿이서 같이 풀면 더 좋을 텐데, 왜 한 명만 뽑는 거니?"

"단 한 명만 만나지움 문제를 풀 기회를 가질 수 있기 때문이야."

미루가 형준이를 보며 말했다.

"참! 네가 추장님 혼자 문제를 풀었다고 했었는데, 내가 깜박했다."

형준이는 머리를 긁적이며 말했다.

"그래. 10년마다 만나지움 중앙에 있는 투명한 육각 창 안에 구슬이 나타나. 문제가 싸여 있는 구슬이지. 그게 들어오라는 신호야."

미루가 대답했다.

"구슬이 나타난 뒤 하루 안에 문제를 풀어야 하는 건 알아."

형준이가 미루에게 가까이 다가가며 말했다.

"만나지움 앞에 보면 한 명만 들어오라는 글이 적혀 있어. 그런데 오래 전에 그걸 무시하고 여러 명이 함께 들어갔던 적이 있었대."

"큰일이라도 있었니?"

듣고 있던 지원이가 긴장된 표정으로 물었다.

"어머, 무서워. 혹시 들어간 사람들 모두······."

소연이가 말을 잇지 못하고 몸을 움츠렸다.

"소연이가 생각하는 것처럼 무시무시한 일이 일어났던 건 아니야. 나도 들은 건데, 사람들이 들어가자마자 태양 빛이 모이더니 문제지를 순식간에 태워 버렸다는 거야."

"그럼 문제를 구경도 못 했겠구나."

형준이가 안타까워하며 말했다.

"그렇지."

미루가 무거운 얼굴로 고개를 끄덕였다.

"참! 대회가 끝나면 지난번 문제지를 보여 줄 수 있니?"

"물론이지. 부족 원로들이 너희들에게 얼마나 큰 기대를 하고 계신데……."

석진이의 말에 미루가 흔쾌히 대답했다.

아이들이 이야기를 나누는 동안, 다른 팀들은 준비해 온 대나무 가지로 쇠구슬이 지나갈 서클을 고정시키고 있었다. 평소에 구상을 많이 해 봐서 그런지, 고민하는 기색도 없이 바로바로 쿤타롤을 만들고 있었다.

"우리도 얼른 만들자. 이러다가 시간이 부족할지도 몰라."

지원이가 주위를 둘러보더니 재촉했다.

"그래, 어서 서두르자."

아이들은 입 모아 대답하고 재빨리 각자의 자리로 돌아갔다.

석진이와 소연이는 만나지웁이 있는 바로 왼쪽 앞에 자리를 잡고, 재료들을 만지작거리며 의견을 나누었다.

"이 대나무로 서클을 만들면 쇠구슬이 잘 돌까?"

소연이가 석진이에게 대나무를 보이며 물었다.

"균형만 잘 잡으면 괜찮을 거 같은데?"

석진이가 미소를 지으며 말했다.

두 아이 건너편에는 칠순도 더 되어 보이는 할아버지가 세 개의 서클을 연속 회전시켜 능숙한 손놀림으로 구조물을 만들고 있었다. 할아버지는 구조물을 완성하자 쇠구슬을 굴렸다. 그러자 쇠구슬이 세 개의 연속 서클을 가볍게 돌아 나오는 것이었다.

그 모습을 본 석진이와 소연이는 감탄스런 표정을 지었다. 둘은 먼저 서클 하나를 만들어서 한 바퀴 돌기에 도전했다.

"소연아, 이 대나무 좀 잡아 줄래?"

석진이가 준비해 온 철핀을 꺼냈다. 아주 정교한 철핀은 아니었지만 서클을 고정시키기에는 충분했다.

"이것도 미루가 준비해 준 거니?"

"응, 미루는 정말 꼼꼼한 것 같아."

석진이가 돌망치로 넓은 나무판에 철핀을 박으면서 대답했다.

"출발대 높이는 저 할아버지 거랑 비슷하면 되겠지?"

소연이가 할아버지 쪽을 가리키며 말했다.

"그래. 우선 그렇게 해 보자."

석진이는 정확하게 망치질하여 서클 하나를 금세 완성했다.

"석진아, 우리도 쇠구슬을 한번 굴려 보자. 재미있을 것 같아."

소연이가 쇠구슬을 출발점에 올려놓자, 할아버지가 구슬을 출발시켰던 높이와 비슷해 보였다. 소연이의 손에서 쇠구슬이 떨어지자, 쇠구슬은 완만한 경사 구간을 서서히 지나 급경사 구간으로 굴러 내려갔다. 그런데 서클을 완전히 돌지 못하고 추락하고 말았다.

"뭐가 문제인지 알 것 같아."

석진이는 곰곰히 생각해 보다가 서클의 반지름과 출발대의 높이를 측정해 보았다. 그런 뒤 출발대의 위치를 좀 더 높였다.

"소연아, 다시 한 번 굴려 볼래?"

그러자 소연이는 발레리나처럼 앞발 끝으로 선 채 쇠구슬을 든 오른손을 위로 뻗었다가 쇠구슬을 떨어뜨렸다. 쇠구슬은 좀 전보다 빠른 속도로 서클을 향해 돌진했다.

"쉬익!"

쇠구슬이 다람쥐처럼 멋지게 서클을 돌아 도착점에 들어왔다.

"와, 성공이다!"

소연이가 박수를 치며 소리쳤다.

"그런데 석진아, 아까 할아버지 거랑 같은 높이에서 출발시켰을 때는 왜 서클을 제대로 못 돈 걸까?"

소연이가 모르겠다는 표정을 지었다.

"우리가 만든 서클이 할아버지의 서클보다 좀 더 커. 서클의 반지름이 커지면 그만큼 서클을 도는 데 필요한 에너지도 커지게 되거든."

석진이가 논리정연하게 설명했다.

"그러고 보니 수업 시간에 출발점의 높이에 대해 들었던 것 같아."

소연이는 출발점의 높이를 조금씩 조절해 가면서 서클을 돌 수 있는 가장 낮은 높이를 찾아냈다.

"석진아, 이게 최저 높이야."

"서클의 높이가 약 60센티미터 되니까 최저 높이는 75센티미터보다 약간 높을 거야. 내 손바닥으로는 다섯 뼘이 약간 넘을 것 같고, 네 손바닥으로는 여섯 뼘 정도 나오겠는걸."

소연이가 손바닥을 펴서 길이를 재 보았다.

"어머, 정말 여섯 뼘이네? 재 보지도 않고 어떻게 알았니?"

소연이가 감탄하며 호들갑을 떨었다.

"쇠구슬이 레일을 벗어나지 않고 서클을 돌려면 최소의 힘이 필요해. 롤러코스터의 원리가 위치에너지를 운동에너지로 바꾸는 거니까, 그 최소의 힘을 최소의 운동에너지, 즉 최소의 위치에너지가 운동에너지로 바뀐 힘이라고 할 수 있는데……."

"얘, 그만해. 머리에 쥐 나려고 한다."

소연이가 석진이의 말을 가로막으며 두 손으로 머리를 감싸는 시늉을 했다.

"그럼 간단히 말할게. 출발점의 높이가 서클 반지름의 길이보다 2.5배는 커야 서클을 돌 수 있단 말이야. 왜냐하면……."

석진이가 다시 장황하게 설명하려고 하자, 소연이가 손사래를 치며 말했다.

"석진아. 우리 이러다가 제시간에 만들지도 못하겠어."

"하하, 그래. 어서 만들기나 하자."

석진이와 소연이가 머리를 맞대고 서클을 만들고 있는 동안, 형준이와 지원이는 의견이 맞지 않아 실랑이를 벌이고 있었다.

"야, 주형준! 내 말대로 하자니까?"

"무슨 놀이공원을 만들 참이야? 겉 모양만 근사해서 될 게 아니야."

형준이가 지원이를 보며 고개를 가로저었다.

"그럼 그렇게 복잡하고 지저분한 구조로 만들어서 뭘 하겠다는 거야?"

지원이도 질새라 한마디 했다. 둘 다 한 치도 물러서려고 하지 않았다. 지원이가 들고 있는 설계도는 놀이공원을 만드는 것처럼 주변 경관이 예쁘게 꾸며져 있었다. 곳곳에 동물원과 우물도 있었고 바이킹과 범버카도 있었다. 하지만 정작 구슬이 다니는 길은 단순하기 짝이 없었다. 그에 비해 형준이가 그린 설계도에는 점프 코스와 점점 작아지는 서클 5회전, 급커브 등 다양하고 창의적인 레일들이 있었다. 하지만 주변 경관은 신경 쓰지 않았는지 삭막해서 전체적으로 혼잡해 보였다.

"그럼 우리 따로 출전해!"

"그래 좋아. 따로 나가."

형준이가 그때 마침 그곳을 지나던 미루를 급하게 불러 세웠다.

"미루야, 마침 잘 왔다. 나 지원이랑 같이 못 하겠어. 개인으로 출전할게."

"나도 형준이랑 못 하겠어."

형준이와 지원이가 서로 으르렁거리며 말했다.

"안 돼. 일단 신청하면 바꿀 수 없어."

미루가 난감한 표정을 지으며 말했다.

"그럼 난 포기할래. 쟤랑은 도저히 같이 못 해."

지원이가 형준이를 째려보다가 등을 휙 돌렸다.

미루는 둘을 번갈아 쳐다보다가 바닥에 있는 설계도 두 장을 가만히 보았다. 그러다가 갑자기 탄성을 외쳤다.

"멋진걸! 두 설계도를 조금만 수정하면 정말 멋진 작품이 나올 것 같아."

지원이와 형준이는 그게 무슨 소리냐는 표정을 지으며 서로의 설계도를 번갈아 쳐다보았다. 순간 둘의 머릿속에 좋은 아이디어가 번개같이 스쳤다.

"왜 우리가 그걸 몰랐지?"

둘은 거의 동시에 외치고는 서로를 보며 회심의 미소를 지었다.

곧바로 두 설계도의 장점만 뽑아서 다시 설계도를 그리기 시작했다.

미루는 지원이와 형준이를 떠나 찌루가 있는 곳으로 갔다. 찌루는 미루의 친구였다. 겉으로는 둘이 친해 보였지만 실제로는 치열한 경쟁 상대였다.

찌루는 대회장 왼쪽 제일 끝에서 쿤타롤을 열심히 만들고 있었다. 찌루의 쿤타롤은 창의적이라고 소문이 자자했지만, 정교하지 못해서 뜻한 대로 잘 굴러가지는 않았다. 그래서 지난 대회에서도 구슬이 밖으로 튀어나가 버려서 미루에게 일등을 뺏기고 말았다. 찌루는 지난 대회에서 손상된 자존심을 회복하기 위해 정교하게 쿤타롤을 만드는 훈련을 꾸준히 해 왔다.

"찌루야! 잘돼 가니?"

미루가 웃으며 다가갔다.

"그냥 열심히 할 뿐이야."

찌루는 시큰둥하게 대답하고는 대나무 레일을 두 번 휘어 서클을 만들었다. 그것은 하나의 서클 안에 또 하나의 서클을 집어넣는 획기적인 방법이었다.

"이건 난생 처음 보는 서클이야!"

미루가 완성된 서클을 보고 감탄했다.

찌루는 이번에도 야자나무로 도미노를 만들어 출발시키는 장치를 뒷부분에 만들었다.

'찌루 녀석, 이번엔 정말 각오가 대단하군!'

미루가 찌루를 보며 감탄했다.

"뭘 그렇게 봐?"

미루가 자신을 빤히 보자 찌루가 물었다.

"아, 아냐. 그냥 좀……."

미루는 이번에 찌루가 결승에 진출하면 아이들이 최종전에서 밀리게 될지도 모르겠다고 생각했다.

한편, 석진이와 소연이는 새로운 것을 생각해 내느라고 끙끙대고 있었다. 그래서 설계도는 별 진전이 없었다. 하지만 기본적인 기술을 초반에 익혀 두었기 때문에, 설계도만 완성되면 쿤타롤을 만드는 데 오래 걸리지 않을 것 같았다.

"손으로 쇠구슬을 출발시키는 건 속도에 영향을 많이 줄 것 같아. 쇠고리를 사용해 보면 어떨까?"

쇠고리는 출발점에서 쇠구슬을 올려 두는 부분이었다. 쿤타롤 대회에서 사용하는 쇠고리는 수작업으로 만들어졌기 때문에 크기나 모양이 엇비슷해 보였다. 하지만 자세히 비교해 보면 제법 차이가 났다. 이런 점을 눈여겨본 석진이는 자기가 고른 쇠구슬과 크기가 비슷해 보이는 쇠고리들을 몇 개 골라 두었다.

석진이는 출발대 위에 쇠고리를 고정시켰다. 그리고 쇠고리의 구멍에 딱 맞아 걸릴 수 있는 쇠구슬들을 모두 모았다. 소연이에게는 돋보기로 쇠고리 맨 앞에 초점을 맞추게 했다. 그러자 10초도 안 돼서 쇠구슬이 쇠고리를 빠져나와 출발하는 것이었다. 쇠구슬은 서클을 멋지게 돌아서 임시로 만들어 놓은 주머니에 쏙 들어갔다.

그 광경을 본 소연이는 너무나 신기해 주머니에서 쇠구슬을 꺼내 쇠고리에 올려놓아 보았다. 하지만 쇠구슬은 쇠고리를 통과하지 못하고 걸리고 말았다. 소연이가 다시 돋보기의 초점을 쇠고리에 맞추자, 쇠구슬은 고리를 빠져나와 다시 서클을 돌았다.

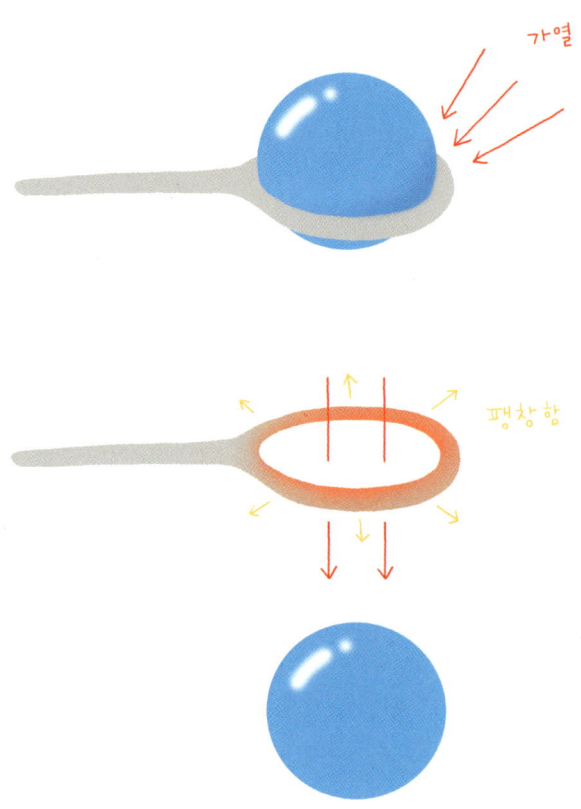

"이제 알겠어. 열을 받으면 쇠고리 둘레의 길이가 늘어나니까 쇠구슬이 빠져나갈 수 있는 거지?"

소연이가 환하게 웃어 보였다.

"그렇지! 속도가 일정하면 더 정확하게 설계할 수 있을 거야."

소연이와 석진이는 몇 가지 더 실험을 해 보고는 빠르게 작업했다. 형준이와 지원이도 두 설계도에서 장점만 골라내 다시 설계도를 만들었다.

아침 일찍 시작된 쿤타롤 대회는 막바지에 이르고 있었다. 몇몇 참가자들은 벌써 마지막 경기를 치르고 있었다. 규칙상 단 한 번만 쇠구슬을 굴릴 수 있기 때문에 신중할 수밖에 없었다.

드디어 마지막을 알리는 종소리가 마을 한가운데서 울려 퍼졌다. 2토르의 시간, 즉 8시간이 모두 지났다. 참가자들 모두 자기가 만든 쿤타롤 앞에 서서 심사를 기다렸다. 많은 팀이 참가했지만 심사는 그리 오래 걸리지 않았다. 심사하는 데에는 참가자의 설명은 필요 없고, 오직 쇠구슬의 움직임만 중요하기 때문이었다.

만나지움이 있는 중앙 오른쪽에서 작업했던 할아버지부터 심사가 시작되었는데, 할아버지 반대편에 있는 석진이와 소연이 팀은 맨 마지막이었다.

할아버지는 서클을 14개 준비했다. 구슬을 올려놓고 출발시키자, 구슬은 14개의 서클을 아슬아슬하게 통과하면서 도착점에 들어왔다. 할아버지의 점수는 75점이었다.

대부분의 참가자들은 서클을 많이 만들거나 점프 거리로 승부를 걸게 된다. 서클 열 개 이상 통과시키면 서클이 하나 추가될 때마다 5점을 주었는데, 가산점만으로도 1차 예선은 거뜬히 통과할 수 있었다. 하지만 점프를 시도했던 경우는 그동안 거의 없었다. 레일의 마찰뿐만 아니라 여러가지 이유 때문에 성공하기가 어려웠기 때문이었다.

할아버지를 포함한 세 팀의 참가자들은 모두 서클의 개수에 모든 것을 걸었다. 제일 많은 서클을 통과시킨 팀은 열다섯 개를 통과했다. 그 팀의 총점은 기본점수 50점에 열 개부터 주어지는 가산점을 합쳐서 80점이었다. 지난 대회 우승자였던 미루는 88점이었으니까, 80점은 상당히 높은 점수였다.

드디어 형준이와 지원이가 만든 쿤타롤 앞에 심사위원들이 도착했다. 둘이 만든 쿤타롤은 그야말로 한 폭의 그림 같았다. 엉뚱한 생각을 잘하는 형준이가 흥미로운 구조를 만들었고, 미술에 소질이 많은 지원이는 그것을 아름답게 꾸며 놓았다. 이제 쇠구슬이 잘 구르기만 하면 완벽했다.

형준이가 구슬을 출발대에 올려놓고 손을 놓았다. 그러자 쇠구슬이 속도를 높이며 첫 번째 서클을 향해 돌진했다. 점점 둘레가 작아지는 4개의 연속 서클을 빠르게 돌아 나온 쇠구슬은 작은 문을 밀치며 활짝 핀 꽃밭을 달렸다. 그와 동시에 세 갈래의 도미노가 출발하기 시작했다. 한 갈래의 도미노는 쿤타롤의 중심을 향

해서 나선형으로 돌아 들어갔고, 두 갈래의 동물 모양 나무 도미노들은 쇠구슬의 움직임을 따라 차례로 쓰러졌다.

꽃밭을 빠져나온 쇠구슬은 작은 연못을 끼고 90도로 방향을 틀어서 두 번째 문을 밀쳤다. 문이 열리자 양쪽 물통에서 물이 흘러서 양쪽 강으로 흘러 내려갔다. 상상력이 기발하다고밖에는 표현할 방법이 없었다. 이제 쇠구슬은 마지막으로 점프대를 향해 돌진했다. 두 개의 문을 밀치고 오는 동안 속도가 많이 줄어 있었다. 쇠구슬은 한 뼘이 조금 넘는 점프대를 가볍게 뛰어올랐다. 그러고는 준비된 작은 의자를 향해 날아올랐다. 의자에 착지하기만 하면 성공이었다. 모두가 숨죽이고 점프대를 바라보았다.

"탁!"

쇠구슬이 의자 앞부분에 맞고 아슬아슬하게 의자에 착지한 것이었다. 그리고 작은 의자가 놓여 있던 바이킹이 진자운동을 시작했다. 거의 동시에 쿤타롤 중앙에 있는 작은 바이킹도 마지막 도미노가 쓰러지면서 빠른 속도로 진자운동을 하기 시작했다.

주위에서 우레와 같은 박수가 터져 나왔다. 심사위원들도 아낌없이 박수를 쳤다. 분위기로 봐서 거의 우승감이었다. 잠시 상의를 한 뒤 심사위원장이 점수를 기록했다. 점수를 확인한 미루가 아이들에게 눈을 찡긋해 보였다. 형준이와 지원이가 받은 점수는 96점이었다. 이제까지 나온 점수들 중 최고였다. 두 아이는 가벼운 발걸음으로 석진이와 소연이가 있는 곳으로 향했다.

심사위원들은 다른 팀들을 심사하러 다시 자리를 옮겼다. 드디어 찌루의 차례가 되었다. 심사위원장의 신호가 떨어지자, 찌루는 떨리는 손으로 쇠구슬을 출발대에 올려놓았다. 드디어 경주가 시작되었다.

출발대를 떠난 쇠구슬은 큰 서클을 돌아서 그 안에 있는 작은 서클을 멋지게 돌아 나와 왼쪽으로 방향을 틀었다. 가속도가 많이 붙은 쇠구슬은 점프대를 향해 빠르게 내달렸다. 장애물로는

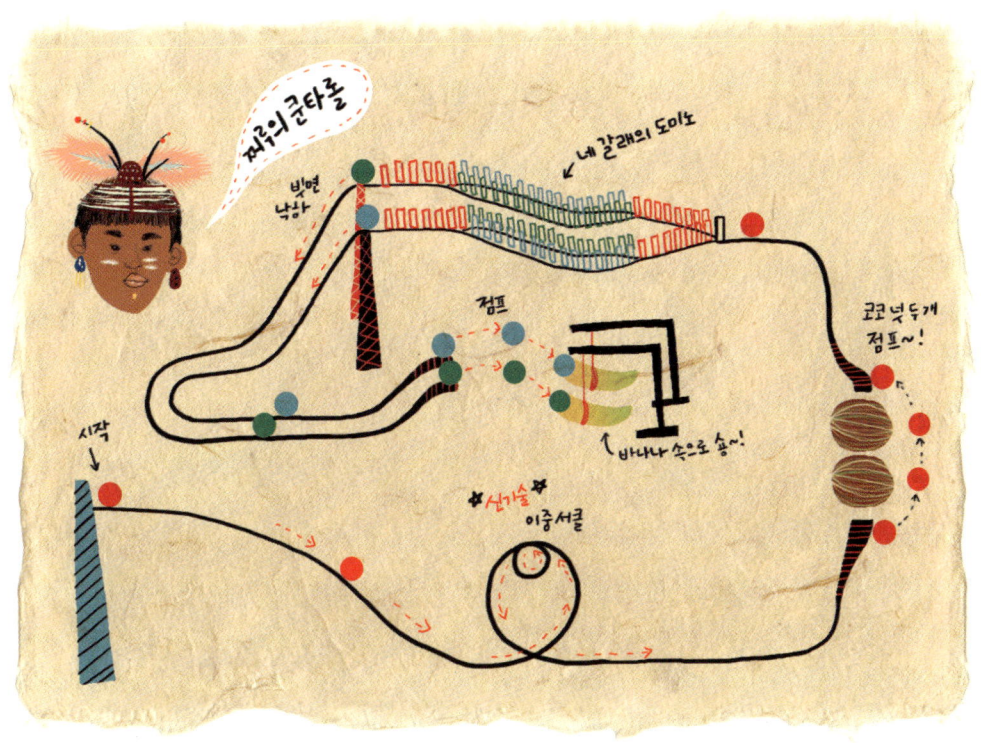

코코넛이 두 개 놓여 있었다. 드디어 쇠구슬이 점프대를 벗어나 공중을 날았다. 구경하는 사람들의 시선도 모두 쇠구슬을 따라갔다.

"탁!" 하는 소리와 함께 찌루의 구슬은 미끄러지듯 무사히 통과했다. 다시 방향을 바꾼 쇠구슬은 야자나무 도미노를 하나 밀어서 넘어뜨렸다. 그러자 그 도미노들이 두 갈래로 나뉘어 넘어지다가 다시 네 갈래로 나누어지면서 넘어졌다. 네 갈래의 도미노는 넘어지는 성질을 이용해서 바로 오르막길을 올라갔다. 그

것은 구슬이 가진 위치에너지의 부족한 부분을 보완한 기막힌 발상이었다. 도미노를 이용했기 때문에 구슬의 위치에너지는 원하는 곳까지 끌어올릴 수 있었다.

오르막길이 끝나는 곳에서 네 갈래의 도미노들이 다시 두 갈래로 합쳐졌다. 정상에는 두 개의 쇠구슬이 나란히 놓여 있었다. 맨 마지막 도미노 두 개가 각각 넘어지자, 두 개의 쇠구슬이 아래로 굴렀다.

사람들은 그제야 왜 두 개의 구슬을 정상에 두었는지 알겠다는 듯 고개를 끄덕였다.

이렇게 출발한 두 개의 쇠구슬은 빗면을 힘차게 굴러 내려와서 유턴을 했다. 그러고는 최고의 속력으로 직선 코스를 달려 종착점에 있는 두 개의 바나나를 향해 돌진했다. 엄청난 속력을 과시하며 쇠구슬이 마지막 코스를 달렸다. 드디어 두 개의 쇠구슬이 점프대를 날아올랐다. 그리고 두 개의 바나나 오른쪽 끝에 각각 박혔다. 쇠구슬이 박히자 바나나는 균형을 잡으려고 시소처럼 움직이기 시작했다.

사람들은 너무 놀란 나머지 멍하니 있다가 박수를 치기 시작했다. 심사위원들이 서로 상의한 뒤 심사위원장이 점수를 기록했다. 형준이와 지원이의 점수보다 높은 99점이었다.

지원이와 형준이도 깜짝 놀랐다.

"이 마을에 저렇게 대단한 녀석이 있다니 놀라워!"

찌루는 똑똑하고 꿈도 대단했다. 하지만 자기 멋대로 행동하는 경우도 많았고 신경질적이어서 부족 사람들로부터 인정을 받지 못했다. 화가 난 찌루는 부족 사람들을 미워하고 시기해 마을 곳곳에 함정을 만들기도 했고, 거미줄 위에 바나나를 달아놓아 원숭이들을 죽이기도 했다.

어느새 심사위원들은 마지막 팀인 석진이와 소연이의 쿤타롤 앞에 도착했다. 여섯 번째 팀은 서클 16바퀴를 시도하다가 실패하는 바람에 실격을 당하고 말았다.

석진이와 지원이의 쿤타롤은 쇠고리에 쇠구슬을 올려놓았다는 것 빼고는 평범해 보였다. 신호가 떨어지자 소연이는 출발대에 설치한 쇠구슬 고리에 돋보기의 초점을 맞추었다. 10초 정도 가열하자 빨간 쇠구슬이 쇠고리를 빠져나와 달리기 시작했다. 언제 왔는지 찌루도 구경꾼들 사이에서 경기를 지켜보고 있었다.

경사로를 힘차게 달려 내려온 쇠구슬은 빠른 속도로 서클 하나를 통과했다. 그리고 그대로 달려서 긴 꼬챙이 끝에 달린 홈 속에 쏙 들어갔다. 그러자 꼬챙이가 반대쪽으로 움직이면서 빨간 구슬을 건너편으로 이동시켜 주었다. 동시에 꼬챙이의 반대편 끝이 노란 구슬과 흰 구슬이 놓여 있는 나무관을 건드려 두 구슬이 아래로 떨어졌다. 두 개의 구슬은 점점 작아지는 나선형 길을 따라 내려왔다. 이렇게 해서 세 개의 구슬이 다시 한 길에서 모였는데, 빨간 구슬이 노란 구슬과 흰 구슬보다 앞서서 들어

왔다. 맨 앞에서 달리던 빨간 구슬은 낮은 언덕에 놓여 있던 파란색 구슬에 강하게 부딪히면서 속도가 줄어들었다. 하지만 뒤에서 빠른 속도로 달려오던 노란 구슬에 의해서 다시 파란 구슬의 뒤를 이었다.

빨간 구슬에게 힘을 실어 준 노란 구슬은 흰 구슬에게 운동에너지를 넘겨 받아 다시 속도를 냈고, 힘을 많이 뺏긴 흰 구슬은 속도가 많이 느려져 맨 뒤에 위치했다.

"이거 원……. 정신이 하나도 없네."

지원이가 혀를 내두르며 말했다.

이제 언덕을 모두 빠져나온 네 개의 구슬 앞에 갈림길이 나타났다. 갈림길은 다시 두 갈래로 나뉘어졌는데, 네 갈림길의 끝은 모두 원뿔처럼 원이 점점 작아지면서 위로 올라가도록 되어 있는 나선형 오르막길이었다. 그런데 가장 바깥쪽에 있는 나선형 오르막길은 다른 세 개의 오르막길보다 아주 높이가 낮았다. 자세히 보니 꼭대기에는 쇠구슬이 간신히 놓일 만한 오목한 홈이 나 있었다.

드디어 네 개의 구슬이 야자 잎으로 가려진 첫 번째 갈림길을 순서대로 통과했다. 가장 먼저 파란 구슬이 갈림길의 오른쪽으로 나왔다. 첫 번째 갈림길을 빠져나온 파란 구슬은 다시 두 번째 갈림길 오른쪽으로 통과했다. 첫 번째 파란 구슬이 굴러가는 동안 두 번째 빨간 구슬도 첫 번째 갈림길을 빠져나왔는데, 빨간 구슬은 첫 번째 갈림길에서 왼쪽으로 나왔다.

"어? 이상하네. 파란 구슬은 오른쪽으로 나왔는데 어떻게 빨간 구슬이 반대쪽으로 나왔지?"

형준이가 고개를 갸우뚱거렸다. 그 사이 빨간 구슬은 다시 왼쪽에 있는 두 번째 갈림길을 통과했다.

"이상하네? 이번에는 또 오른쪽이잖아?"

지원이도 희한하다는 표정을 지었다.

그때 세 번째 구슬인 노란 구슬이 첫 번째 갈림길을 통과했다.

이번엔 파란 구슬과 같은 오른쪽 방향이었다. 곧바로 노란 구슬은 두 번째 갈림길의 왼쪽으로 나왔다.

마지막으로 흰 구슬이 두 개의 갈림길을 모두 통과할 때였다.

"와!"

주변에서 탄성이 쏟아져 나왔다. 파란 구슬이 나선형 길로 올라가 약간 홈이 파인 곳에서 정확하게 멈추었다. 구슬의 속도가 조금만 빠르거나 늦었다면 정확하게 홈에서 멈출 수 없었을 것이었다.

이윽고 구슬들이 차례로 멈추어 섰다. 그런데 놀라운 것은 구슬들의 순서가 바뀌어 있다. 네 개의 구슬이 한 치의 오차도 없이 정확하게 꼭대기에 멈추자, 사람들은 큰 박수를 보냈다. 심사 위원들도 두 아이의 쿤타롤에 놀라는 표정이었다. 구슬들이 아무런 장치 없이 길을 바꾸어 들어가는 것도 신기했고, 그 작은 홈에 정확히 멈추어 섰다는 것도 놀라웠다.

모두들 끝난 줄 알고 있었는데 석진이가 네 개의 구슬 앞으로 가더니 파란 구슬이 놓여 있는, 홈이 파인 동그란 나무를 뽑아 들었다. 나무를 뒤집자 뒷면이 파란색이었다. 석진이는 구슬들과 함께 홈이 파인 동그란 나무를 순서대로 뽑아 들었다. 그러자 모두 구슬의 색깔과 일치해 있었다.

"우와! 정말 놀랍다."

멋진 마술 쇼를 보는 것 같아, 사람들은 환호하며 박수를 쳤다.

"어떤 구슬이 어디에 도착할지 알고 있었네……."

찌루가 혼잣말을 하다가 쓴웃음을 지었다.

심사위원들뿐만 아니라 모든 사람들이 놀라움을 감추지 못했다. 심사위원들은 만장일치로 100점을 주었다. 석진이와 소연이는 1점 차로 찌루를 제치고 최고의 점수로 2차전에서 1등을 차지했다.

부족 사람들은 엄청난 수준의 쿤타롤 경기를 보여 준 아이들이 만나지움을 재가동시킬 것이라는 기대에 부풀었다. 하지만 1점 차이로 밀려난 게 못마땅한지 찌루는 아무 말도 없이 사라져 버렸다.

형준이와 지원이가 환호를 받고 있는 석진이와 소연이에게 달려왔다.

"정말 축하해!"

"고마워."

아이들은 우승의 기쁨을 함께 나누었다.

"그나저나 너무 배고프다. 여덟 시간이나 아무것도 못 먹고 쿤타롤을 만들었더니 뱃속이 난리인걸!"

석진이가 배를 문지르며 울상을 지었다.

아이들은 통나무집으로 빨리 걸음을 옮겼다.

"석진아, 그 쿤타롤 말야. 선생님이 수업시간에 내셨던 롤러코스터 문제 맞지?"

지원이가 물었다.

"응. 그때는 풀지 못했거든. 그래서 그 문제에 대해 계속 생각해 왔었어."

"그래서 결국 문제를 해결한 거구나."

지원이가 놀라운 표정을 지었다.

"오늘에야 해결한 거지 뭐."

지원이의 말에 석진이가 어깨를 으쓱하며 대답했다.

"이걸 봐."

석진이가 야자 잎을 덮은 손바닥 만한 나무판을 형준이와 지원이에게 내밀었다.

"에게, 겨우 이거니?"

지원이가 야자 잎을 걷어 보고는 어이없어 했다.

그 안에는 'Y' 자가 거꾸로 놓여 있었다. 별거 아닌 것처럼 보였지만, 'Y' 자의 중심은 핀 같은 것으로 고정되어서 구슬을 굴리면 방향이 바뀌도록 되어 있었다.

궁금한 건 못 참는 형준이가 주머니에서 쇠구슬 하나를 꺼내 바로 굴려 보았다. 그러자 구슬이 왼쪽으로 가다가 반대쪽으로 가서 멈추는 것이었다.

"아하, 이래서 다음 구슬이 반대 방향으로 움직이는 거구나!"

"그걸 두 단계로 해서 네 갈림길을 만든 거야."

석진이가 형준이의 말을 받았다.

아이들은 밤늦게까지 롤러코스터에 대해 이야기를 나누다가 잠들었다.

만나지움을 움직이게 할 수학 문제

아침을 알리는 새소리가 노랫소리처럼 들려왔다. 하지만 아이들은 피곤했는지 아직도 꿈속을 헤매고 있었다. 그런데 갑자기 밖에서 문 두드리는 소리가 요란하게 났다.

"쾅, 쾅, 쾅, 쾅, 쾅!"

잠귀가 가장 밝은 소연이가 먼저 눈을 떴다.

"누구지?"

소연이가 방문을 열고 나오자, 석진이도 그 소리를 들었는지 옆방에서 어슬렁거리며 나왔다.

"누구세요?"

석진이가 문 쪽으로 다가가 물었다.

"나야, 석진아."

석진이가 미루의 목소리를 알아듣고 문을 열었다.

"무슨 일인데 아침부터 헐레벌떡 달려온 거야?"

소연이가 숨을 고르는 미루에게 물었다.

"지, 지금 만나지움에 큰일이 났어."

"큰일이라니? 만나지움이 땅속으로 꺼지기라도 했니?"

석진이도 다급하게 물었다.

"그런 거나 마찬가지야."

미루의 표정이 어두워졌다.

"침착하게 얘기 좀 해 봐."

"우리 부족의 날짜지기가 그만 날짜를 잘못 세고 말았대. 오늘이 바로 만나지움에서 구슬이 나오는 날이래."

"큰일이구나. 아직 쿤타롤 결승도 치르지 않았는데."

소연이가 걱정스런 표정을 지었다.

"그보다 더 큰 문제는 부족 사람들이 잠든 사이에 구슬이 벌써 나와 버렸다는 거야."

"그럼 문 닫히는 시간도 정확히 알 수 없겠구나."

석진이가 크게 숨을 내쉬었다.

"마지막으로 만나지움을 둘러본 사람이 추장님이었는데, 추장님 말씀으로는 6토르가 다 돼 갈 때까지는 구슬이 나오지 않았었대."

"일단 지원이와 형준이도 빨리 깨우자."

아이들은 모두 만나지움 앞으로 달려갔다. 통나무집에서 그리 멀지 않아서 단숨에 달려갈 수 있었다. 그곳에는 부족 사람들이 불안한 표정으로 모여 있었다. 이번 문제를 해결하지 못하면 만나지움이 영영 사라져 버리기 때문인지 부족 사람들은 더 긴장되어 보였다.

"추장님!"

미루가 추장을 불러세웠다.

"미루구나. 생각보다는 빨리 왔구나."

추장은 십 년 전 만나지움에서 꺼냈던 문제지를 미루에게 내밀며 말했다.

"어서 아이들에게 이 문제를 풀게 하렴."

미루는 재빨리 아이들에게 종이를 건넸다. 문제지를 받아 든 석진이는 다른 아이들도 볼 수 있게 바닥에 종이를 펴고 함께 실마리를 찾기 시작했다.

문제는 의외로 단순했다.

1 . 6 . 9 . 16 . 18 . 24 . 28 . ?

아이들이 단서를 찾는 동안 부족 어른들이 모였다. 갑작스런 상황에 어떻게 대처해야 할지 의논하는 자리였다.

잠시 뒤 추장이 미루를 불렀다.

"우리가 의견을 모아 본 결과, 쿤타롤 최종전을 치를 시간이 없다. 굳이 최종전을 치르지 않더라도 누가 우승할지 뻔할 거야. 이제 네가 데리고 온 아이들만이 우리 부족의 희망이니, 그 아이들에게 부족의 미래를 걸 수밖에 없을 것 같구나."

"걱정 마세요. 추장님."

미루는 추장을 안심시키고 서둘러 아이들에게 달려갔다. 아이들은 문제에 완전히 빠져 미루가 온 것도 모르고 있었다.

"얘들아, 부탁할 게 하나 있어. 예상하고 있겠지만 부족 어른들이 만나지움의 마지막 문제를 너희들에게 부탁하기로 결정하셨대. 너희들만 좋다면 말이야……."

미루가 아이들의 표정을 살피며 말했다.

"물론이지. 우리가 쿤타롤 대회에 출전했던 것도 그 때문인데, 마다할 이유가 있겠니?"

형준이가 말했다.

"그래. 형준이 말처럼 우리가 최선을 다해서 도울게."

지원이가 아이들의 마음을 대신 전했다.

"모두들 고맙다. 참, 문제는 한번 살펴봤니? 어때, 풀 수 있겠어?"

미루가 물었다.

"그리 쉬워 보이지는 않지만, 그렇다고 어려운 문제도 아닌 것 같아."

석진이가 말했다.

"그런데 지금 이 문제에 매달릴 시간이 없는 거 아냐?"

지원이가 끼어들었다.

"지원이 말도 틀린 건 아닌데, 이곳 시간으로 아침 9시니까 열네 시간 이상은 남았어. 그러니까 몇 시간 정도는 이 문제를 어떻게 풀지 같이 생각해 보는 게 좋을 것 같아."

아이들은 석진이 말에 따르기로 의견을 모았다.

"참, 만나지움에는 한 명만 들어갈 수 있다고 하니까, 이 문제를 푸는 사람이 들어가는 게 어떨까?"

석진이가 먼저 제안을 했다.

"그래도 난 석진이가 들어가는 게 좋을 것 같아. 제일 공부도 잘하고 어려운 문제도 많이 풀어 봤잖아. 게다가 이번 대회에서 석진이 팀이 일등을 했잖아."

지원이가 석진이를 보며 말했다.

"아니야, 지원아. 우린 모두 다른 생각을 가진 데다가 각각의 상황에 따라 문제를 해결하는 능력도 달라. 그러니까 누가 이 문제를 푸는 데 더 우수한 능력을 갖고 있는지는 두고 봐야 알 수 있어."

석진이가 논리적으로 말했다.

"그러면 일단 석진이 생각에 따르는 게 어때?"

소연이가 석진이의 말을 거들었다.

"그래, 우선 이 문제부터 해결해 보자."

형준이가 제일 먼저 바닥에 문제를 옮겨 적고는 생각하기 시작했다.

"미루야, 너도 같이 풀어 보자."

가만히 서 있는 미루에게 지원이가 말했다.

"어? 그, 그러지 뭐!"

미루는 쿤타롤 만드는 것에는 자신 있었지만 숫자가 나오는 문제에는 약했다. 그런 문제만 보면 머릿속이 하얗게 변해 아무것도 생각나지 않았다. 하지만 미루는 지원이의 말에 못 이기는 척 하고 아이들 틈에 끼었다.

1 . 6 . 9 . 16 . 18 . 24 . 28 . ?

지원이는 숫자를 가만히 보면서 생각해 보았다.

'이 숫자들 사이에 어떤 규칙이 있는 걸까? 그냥 봐서는 없는 것 같은데……. 휴, 생각보다 어렵네.'

지원이가 한참 숫자들의 관계에 대해 생각하고 있을 때였다.

"아하, 알 것 같다!"

시작한 지 5분도 안 돼서 형준이가 소리쳤다.

"뭘 찾아냈니?"

석진이가 기대하는 표정을 지으며 물었다.

"이 숫자들은 모두 여덟 개야."

형준이의 어이없는 대답에 모두 할 말을 잃었다.

"물음표까지 세면 당연히 여덟 개지. 그걸 누가 모르냐?"

지원이가 한심하다는 눈으로 형준이를 쳐다보았다.

"내 생각에 형준이가 발견한 게 아주 중요한 것 같아."

석진이가 진지한 표정으로 말했다.

"무슨 뜻이야?"

지원이가 의아하다는 듯이 물었다.

"문제를 보면 물음표 뒤에 반점이 없어. 그건 이 숫자들의 관계가 여덟 개로 끝난다는 말이야."

석진이가 진지하게 형준이의 생각을 두둔했다.

"그렇다면 여덟 개의 숫자가 이룰 수 있는 관계에는 어떤 게 있지?"

소연이가 바닥에 적혀 있는 숫자들을 뚫어져라 쳐다보았다.

"참! 롤쿡 박사가 쿤타롤을 즐겨 했다고 했잖아."

지원이가 눈을 치켜뜨며 소리쳤다.

"어제 너희 팀에서 두 갈림길을 만들었잖아. 그거랑 혹시 관계가 있지 않을까?"

지원이가 땅바닥에 갈림길을 그리면서 물었다.

"갈림길을 두 줄로 만들었을 때 네 가지 길이 생겼으니까 세 줄로 만들면……."

"아하, 그거다!"

석진이가 뭔가 알아낸 듯 소리쳤다. 그러고는 땅바닥에 숫자들을 적기 시작했다. 석진이는 땅바닥에 적은 숫자들을 길이라고 생각하고 구슬을 손으로 옮기면서 생각에 잠겼다.

'두 줄은 1, 3, 2, 4이고 거기에 한 줄을 더 진행시키면 1, 5, 3, 7, 2, 6, 4, 8이니까 이것을…….'

"아, 나도 알겠어!"

석진이가 답을 생각해 내려고 할 찰나에 소연이가 소리쳤다.

"마지막 순서가 8이니까 여덟 번째 올 숫자는 36. 그래 정답은 36이야!"

소연이가 아이들을 보며 말했다.

"나도 알겠어!"

형준이도 이해가 간다면서 무릎을 쳤다. 하지만 지원이는 땅바닥에 적혀 있는 숫자들을 보며 고개를 갸웃거리고 있었다.

"석진아, 어떻게 36이 나온 거니?"

지원이가 물었다.

"여기를 잘 봐."

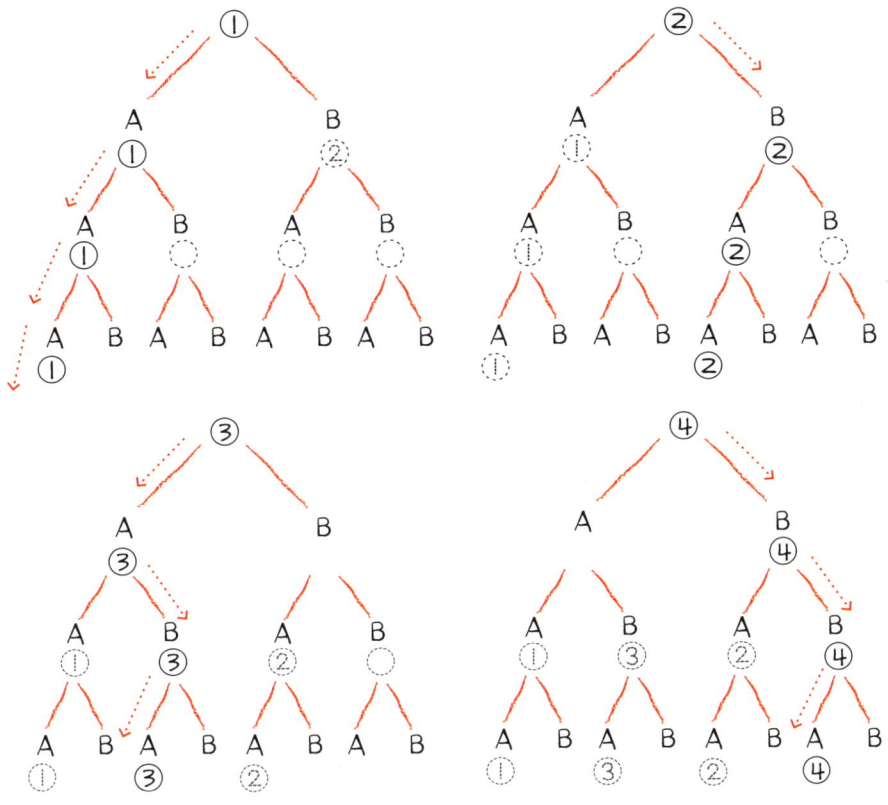

석진이가 숫자를 가리키면서 설명하기 시작했다.

"이건 어제 나와 소연이가 만들었던 쿤타롤을 응용한 거야. 처음에 길이 하나였지?"

"그랬지."

지원이가 고개를 끄덕였다.

"그런데 갈림길을 만들어서 1번과 2번 순서가 생겼어. 그리고 처음에 갈림길을 지나가는 숫자는 왼쪽으로 들어가서 등수가 1등이 됐어."

"그걸 누가 모르니? 두 번째 굴러간 구슬은 오른쪽으로 가서 2등이 됐잖아."

지원이가 눈을 흘기며 말했다.

"그래, 바로 그거야. 갈림길을 두 단계로 만들면 길도 네 개가 되고 순서도 네 개가 되지?"

석진이가 말했다.

"맞아. 그럼 순서는 1, 3, 2, 4구나. 그럼 갈림길을 세 단계로 하면 1, 5, 3, 7, 2, 6, 4, 8이겠군."

지원이는 그제야 이해가 간다는 표정을 지었다.

"와, 지원이의 연산 속도가 상당히 빠른걸."

석진이가 놀라며 말했다.

"아무튼 이걸 하나씩 더해서 그 합을 순서대로 쓴 거구나."

지원이가 말했다.

"맞아, 첫째 항에는 1밖에 없으니까 1을 쓴 거고, 두 번째 항은 1과 5를 합해서 6을 쓴 거지."

석진이가 고개를 끄덕였다.

문제 푸는 데는 30분도 채 안 걸렸다. 이제 남은 것은 만나지움의 문제를 푸는 일이었다.

"그럼 이번 문제에 가장 탁월한 능력을 보인 석진이가 만나지움에 들어가는 게 어떠니?"

지원이가 석진이를 추천했다.

석진이는 잠시 고민을 하더니 조심스레 입을 열었다.

"좋아, 그러면 내가 갈게."

석진이와 아이들은 사람들 사이를 헤치고 만나지움 앞으로 갔다. 미루는 석진이에게 등잔을 건넸고, 지원이는 손목시계를 주면서 용기를 북돋웠다.

그때였다. 석진이가 막 만나지움 안으로 들어가려고 할 때, 갑자기 커다란 장수말벌이 날아와 형준이의 콧잔등에 앉았다.

"으……. 애들아, 나 좀 살려 줘."

형준이는 꼼짝 않고 기어드는 소리로 애원했다.

그러자 석진이가 얼른 뛰어가 강아지풀처럼 생긴 풀을 뽑아 왔다. 술이 한 뼘 정도 달려 있는 풀이었다.

"에잇!"

석진이가 형준이의 코를 향해 풀을 세게 내리치자 장수말벌이 잽싸게 도망가는 듯하더니 다시 형준이 눈앞으로 날아왔다. 그러고는 다시 방향을 틀어 사라졌다. 그런데 형준이는 움찔하다가 뒤로 넘어지고 말았다.

"하마터면 벌에 쏘여서 코가 부을 뻔했네. 석진아, 고마워."

형준이가 손을 털면서 일어섰다.

"고맙긴 뭐. 괜찮아서 다행이야."

석진이가 대답했다.

"어? 주형준!"

"왜 또 그래!"

갑자기 지원이가 소리치자, 형준이가 따지듯이 소리쳤다.

"지금 네가 서 있는 곳이 말이야……."

형준이는 천천히 발끝 쪽으로 시선을 옮겼다. 그런데 아뿔사! 자신이 서 있는 곳이 만나지움 안쪽이었다.

"석진이가 들어왔어야 하는데 어떻게 내가……."

형준이는 온몸의 힘이 빠지는 것 같았다.

"거, 거긴 단 한 명만 들어가게 돼 있잖아."

지원이가 떨리는 목소리로 말했다.

아이들은 잠시 말을 잇지 못했다. 형준이는 나올 수도, 그렇다고 더 들어갈 수도 없는 상황이었다. 아이들 사이에 잠시 침묵이 흘렀다. 그리 길지 않은 침묵을 깨며 석진이가 조심스럽게 입을 열었다.

"형준아, 이렇게 된 이상 이제 만나지움을 살릴 사람은 너밖에 없어. 부탁한다."

모두들 석진이의 말에 따를 수밖에 없다는 것을 알았다.

"형준아, 잘 해결하고 와!"

석진이가 손목시계와 등잔과 기름을 형준이에게 건네며 말했다.

"못 풀 거 같으면 그냥 나와. 거기 갇히면 영원히 못 나오니까."

형준이는 대답을 잠시 미루고 눈을 감았다. 그러고는 결심한 듯 차분히 말했다.

"애들아, 어쨌든 이렇게 돼 버렸으니 내가 책임지고 문제를 해결해 볼게."

형준이는 아이들의 걱정을 뒤로하고 안으로 들어갔다. 그러자 만나지움의 문이 굳게 닫혔다. 이제 문은 안에서만 열 수 있었다. 만나지움 내부는 생각보다 단순했다. 위쪽으로 연결된 유리판들이 보였고 세포처럼 생긴 큰 방들과 음식을 나르는 레일들이 눈에 띄었다.

'참, 이러고 있을 시간이 없지.'

멍하니 서 있던 형준이는 재빨리 계단을 따라 걸어 올라갔다. 그리고 잽싸게 구슬을 집어 들었다. 야구공만 했지만 생각보다 무거웠다. 구슬 가운데에 핀이 하나 꽂혀 있었다. 손가락으로 핀을 뽑으니 저절로 종이와 구슬이 분리되면서 종이가 땅에 떨어졌다.

1, 0, 2, 1, 4, 2, 6, 5, 0, 3, 10, 8, 2, 6, 14, 13, 4, 9, ?

종이에는 숫자들이 적혀 있었다. 문제는 예상했던 것과는 전혀 달랐다.

'큰일이다. 전혀 모르겠어. 아, 석진이가 왔어야 했는데……'

형준이의 손은 땀으로 찼고, 등과 이마에 식은땀이 송골송골 맺혔다. 문제만 멍하니 바라볼 뿐 아무것도 할 수 없었다. 그러는 동안 시간은 빠르게 흘러가 어느새 오후 6시를 막 넘어서고 있었다.

밖에서는 아이들과 부족 사람들이 마음을 졸이며 형준이를 기다리고 있었다.

"도대체 어떤 문제가 나왔길래 아무 소식이 없는 걸까?"

지원이가 발을 동동 구르며 말했다.

"다 풀고 나서 침착하게 점검하고 있는지도 몰라."

소연이도 초조해 하며 말했다.

아이들은 모두 걱정이 돼서 어쩔 줄 몰라 했다.

부족 사람들은 형준이가 나오기만을 기다리며 사냥감을 손질하고 있었다. 혹시 문제를 풀지 못하고 나오더라도 극진하게 대접하고 싶은 마음에, 가장 맛있는 고기를 따로 떼어 두었다.

태양이 지평선으로 넘어가고 밤하늘에 별들이 하나 둘 나타나기 시작했다. 맑은 밤하늘이라 별자리를 관찰하기에 좋았지만 어느 누구도 한가롭게 별자리를 찾지는 않았다.

형준이는 어두워지자 등잔에 불을 밝혔다. 하지만 아직까지 아무런 해결책도 찾지 못했다.

'아무거나 찍어 볼까?'

대충 풀고 나가고 싶은 마음이 자꾸 형준이를 유혹했다. 그럴수록 형준이는 친구들과 부족 사람들을 떠올리며 마음을 추스렸다.

'그래, 게임할 때처럼 끈질기게 물고 늘어지는 거야!'

그러나 용기만으로 문제를 해결할 수는 없었다. 형준이에게는 새로운 발상이 절실하게 필요했다.

'전략을 세우자. 게임뿐 아니라 다른 것들도 전략과 끈기가 있으면 해결할 수 있어.'

형준이 앞에는 1부터 100까지 적혀 있는 백 개의 구멍이 있었다. 그 백 개의 구멍 중에서 정답은 하나뿐이었다. 그 구멍을 찾아서 문제와 함께 구슬을 넣어야 만나지움을 살릴 수가 있었다.

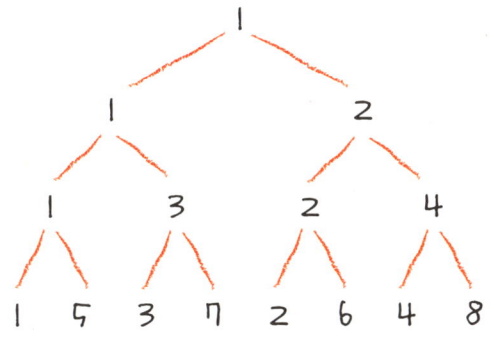

형준이는 숫자들의 배열을 파헤치기 시작했다.

형준이는 정신을 집중해 생각하다가 털썩 주저앉았다.

'아, 한계다. 더 이상 생각이 안 나.'

그때였다. 좀 전에 구슬에서 뽑았던 핀이 눈에 들어왔다. 형준이는 핀으로 바닥에 숫자를 쓰기 시작했다. 형준이의 손이 빠르게 움직였다.

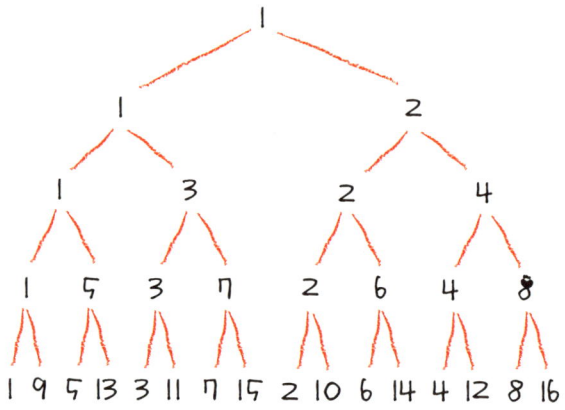

형준이는 여기까지 쓰고 핀을 내려놓았다. 이 정도의 숫자면 충분할 것 같았다. 더 쓰다가는 시간이 부족해서 해결책도 못 찾을 수 있다는 걱정이 앞섰다.

'숫자의 값들이 작은 걸 보니, 숫자들을 옆으로 배열해 보는 것도 좋을 것 같군.'

1	1	2	1	3	2	4	1	5	3	7	2	6	4	8	1	9	5	13	3	11	7	15	2	10	6	14	12	8	16	…
1	0	2	1	4	2	6	5	0	3	10	8	2	6	14	13	4	9	?	…											

숫자를 옆으로 죽 배열해 놓고 보니 실마리가 보이는 것 같았다. 시계는 벌써 11시를 가리키고 있었다. 이제 생각할 시간도 얼마 남지 않았다. 형준이는 핀을 이용해서 숫자들을 여러 가지 방법으로 계속 연관 지어 보았다.

'음, 0의 오른쪽 칸은 위아래가 항상 같은 수이군. 여기에 힌트가 있는 것 같아.'

시간이 거의 다 되어 갈 때쯤, 형준이의 머릿속을 스치는 생각이 하나 있었다.

'아하! 그거였구나.'

형준이의 손이 더 바빠졌다. 시계를 보니 3분만 있으면 밤 12시였다.

'뺄 수 없으면 더해라!'

형준이는 드디어 방법을 찾아냈다. 이제 계산만 하면 답이 나올 것 같았다. 시간을 아끼기 위해서 가장 뒤에 나오는 0부터 확인하기 시작했다.

…	3	7	2	6	4	8	1	9	5	13	…
…	3	10	8	2	6	14	13	4	9	?	…

'9에서 13을 뺄 수 없으니까 정답은…….'

그 순간 어디선가 "쿵!" 하는 소리가 났다. 동시에 등잔이 넘어지면서 불이 꺼지고 말았다.

형준이는 재빨리 주머니에서 종이와 구슬을 꺼내 오른손에 쥐었다. 그리고 백 개의 구멍을 손으로 더듬었다. 다행히 구멍은 아직 막히지 않았다. 형준이는 손으로 더듬어서 22번 구멍을 찾았다. 그리고 재빨리 종이와 구슬을 집어넣었다. 하지만 아무런 일도 생기지 않았다.

'뭐야! 내가 틀린 걸까? 암튼 이젠 모르겠다. 빨리 여기서 나가는 수밖에.'

형준이는 앞이 보이지 않았지만 기억을 되짚어 가며 길을 찾아 걸어갔다. 그러자 온몸이 가벼워지는 것 같더니 푹신한 무언가가 몸을 감는 게 느껴졌다. 빠져나오려고 몸부림을 쳤지만 그럴수록 힘이 더 빠졌다. 오랫동안 생각을 많이 한 탓인지 몸과

마음이 녹초가 되어 있었다. 힘이 다 빠진 형준이는 엄마의 품에 안긴 것처럼 편안하게 느껴졌다. 버티기 힘들 정도로 눈꺼풀이 무거워 스르르 눈을 감았다.

밖에서는 형준이가 나오지 않아서 아이들이 안절부절못하고 있었다.

"문제를 푼 걸까? 왜 나오지 않는 거지?"

지원이가 왔다갔다 하며 중얼거렸다.

"무슨 일이 생긴 거 아닐까?"

소연이의 얼굴에 불안한 기운이 드리워졌다.

아이들은 초조해서 미칠 지경이었다. 시계를 보니 벌써 밤 12시가 지나 있었다.

부족 사람들은 형준이가 나오지 않자 문제를 풀지 못했다고 단정하고 정성스레 준비한 음식만 남겨놓고 돌아갔다. 아이들만이 형준이를 기다리다가 문 앞에서 하나 둘 잠들었다.

얼마나 시간이 흘렀을까. 곤히 잠들어 있는 아이들의 얼굴에 아침 햇살이 드리워지기 시작했다. 형준이를 제일 걱정하던 지원이가 먼저 눈을 떴다. 눈을 비비며 일어나 만나지움의 문을 바라보았다.

"어? 문이 열렸다! 열렸어! 애들아, 얼른 일어나 봐."

아이들이 그 소리에 잠에서 깨어 일어나 문을 쳐다보았다.

"정말 문이 열려 있네? 그런데 형준이는?"

그 소식을 들은 부족 사람들도 하나 둘씩 몰려들었다. 사람들은 기쁨의 환호성을 외쳤다. 마을은 금방 축제의 분위기가 되었다.

"빨리 안으로 들어가 보자."

몸놀림이 가장 빠른 미루가 잽싸게 만나지움 안으로 들어갔다.

형준이는 수북이 쌓인 양털 위에 누워 잠들어 있었다. 미루는 형준이를 들쳐 업고 밖으로 나왔다. 아이들이 형준이에게 우르르 달려왔다. 미루 등에 업혀 아기처럼 잠들어 있는 형준이를 보자, 아이들은 그제야 마음을 놓았다.

만나지움은 태양에너지로 움직일 수 있도록 설계되어 있었기 때문에 아침이 되어서야 중앙 처리장치가 충전되어 모든 장치들이 움직이기 시작한 것이었다. 만나지움이 작동되는 소리가 마을 구석구석에 울려 퍼졌다.

아이들은 부족 사람들이 오래전에 누렸던 풍요를 되찾아 주었다. 부족 사람들은 차례대로 원하는 음식을 만나지움에서 가지고 갔다. 언제 일어났는지 형준이도 맛있는 과일을 한 바구니 들고 왔다. 부족 사람들 모두 형준이에게 고맙다는 말을 아끼지 않았다. 모두들 꿈을 꾸는 것 같았다. 이렇게 신기한 기계가 있다는 것도 놀라웠고, 오랫동안 풀지 못했던 문제가 해결된 것도 놀라웠다.

이제 부족 사람들은 굶주림을 걱정할 필요가 없어졌다. 모두

들 이 평화로운 낙원을 마음껏 누릴 수 있게 되었다.

"얘들아, 정말 고마워."

미루가 아이들의 손을 잡으며 말했다.

"미루야, 이거 네게 주는 선물이야."

"뭔데, 석진아?"

"내가 여행올 때 가져온 수학비법 책이야."

"아하, 무슨 뜻인지 알겠어. 정말 고맙다."

"미루야, 우리도 네게 고마워. 네가 아니었다면 우리는 죽은 목숨이었을 거야. 아마 거대한 독거미의 밥이 됐겠지."

형준이가 거미줄에 걸려 있던 순간을 떠올리며 이마를 찡그렸다.

"하하하, 호호호."

아이들의 기분 좋은 웃음소리가 하늘 높이 퍼져 나갔다.

사막에서 만난 회오리바람

　마음 편하게 아침을 배불리 먹은 아이들은 방갈로 위로 올라가 떼를 지어 달리는 얼룩말들을 구경했다.
　"정말 아프리카에 오길 잘했어. 모두 지원이 덕이야."
　형준이가 배를 두드리면서 씨익 웃어 보였다.
　"그렇지, 내 덕이지? 호호."
　지원이의 대답에 형준, 석진, 미루가 한바탕 웃어 댔다.
　하지만 소연이는 약간 어두운 표정으로 가만히 있었다. 잠시 뒤 소연이가 입을 열었다.
　"그런데 우리가 살던 세계로 돌아가려면 어떻게 해야 해?"
　그 말을 들은 다른 아이들의 얼굴도 어두워졌다. 모두들 일제히 미루를 쳐다보았다.

"피라미드를 찾아야 해."

미루가 굳은 표정을 지으며 짧게 대답했다.

"피라미드?"

아이들이 동시에 물었다.

"응. 우리 부족에 전해 오는 이야기인데, 이곳을 나가는 문이 피라미드 안에 있대."

"그럼, 그 문만 찾으면 되겠구나!"

소연이가 얼굴에 화색을 띠며 외쳤다.

"확실하지는 않은데 피라미드의 가장 밑바닥까지 내려가야 문이 나온대. 그런데 그 문을 통과하려면 열쇠가 있어야 한대. 하지만 열쇠를 찾는 게 결코 쉽지 않다는 거야."

아이들은 온몸의 힘이 빠진 듯이 풀이 죽었다.

"힘내자. 내일 피라미드를 찾아 떠나는 거야."

석진이가 주먹을 불끈 쥐고 아이들을 격려했다.

"그래 석진이 말대로 오늘은 푹 쉬고 내일 출발하자."

소연이도 한마디 거들었다.

밤새 바람이 많이 불었는지 사막의 모래가 날아와 마을 곳곳에 조금씩 쌓여 있었다. 미루는 이른 새벽부터 일어나 아이들에게 필요한 물품들을 챙겨 주었다. 빨리 걸어도 피라미드에 도착하려면 네 시간이 넘게 걸린다는 말에 아이들은 서둘렀다. 느긋하게 출발했다가는 일사병에 걸릴 수도 있어서 일부러 이른 새벽을 택했다. 아이들은 1토르와 2토르 사이인 새벽 6시에 출발하기로 했다.

"이제 준비 다 됐으면 출발할까?"

형준이가 랜턴과 물통을 배낭에 넣으며 말했다.

"미루야, 그동안 정말 고마웠어."

지원이가 먼저 미루에게 악수를 청했다.

"너희들이 살던 곳으로 꼭 돌아가길 바랄게."

아이들은 미루와 작별 인사를 하고 동쪽 사막을 향해 출발했다.

"어? 근데 그건 뭐야?"

갑자기 소연이가 석진이의 손을 가리키며 물었다.

"나침반이야. 어젯밤에 휴대용 손선풍기 속에 든 모터를 분해해 만들었어. 모터 안에 영구자석이 들어 있거든."

석진이가 말했다.

"정말 대단하구나! 석진이 덕분에 방향을 잃지는 않겠어."

형준이가 헤헤거리며 말했다.

아이들은 나침반을 따라 동쪽으로 계속해서 걸어갔다. 두 시간쯤 걷다 보니 다리도 아프고 햇살도 뜨거워졌다. 하지만 멈출 수는 없었다. 모두들 힘들었지만 목숨을 걸고 걸음을 재촉했다. 다시 동쪽으로 걷기 시작하자, 눈앞에 모래산이 나타났다.

"미루가 설명했던 곳이 이쯤인 것 같지?"

지원이가 눈빛을 빛내며 물었다.

"그런 거 같아. 조금만 더 힘을 내자."
석진이가 아이들을 보며 주먹을 불끈 쥐어 보였다.

"좋아!"
아이들은 다시 마음을 다잡고 힘차게 걸음을 옮겼다.

태양은 점점 더 뜨겁게 내리쬐었고 모래바람도 일기 시작했다. 바람은 제법 강해졌다.

"어? 저게 뭐지?"
석진이가 가장 높이 솟아 있는 모래산 꼭대기를 가리켰다.

"저, 저건 회오리
바람이잖아!"
어마어마한 크기의 회오
리바람이 아이들 쪽으로 빠르게
다가오고 있었다. 회오리바람이
지나간 곳에는 모래산이 사라지
고 골이 생겼다. 사방을 둘러봐도
피할 곳은 없었다. 회오리바람은 벌써 코
앞까지 다가와 있었다.
"애들아, 얼른 엎드려!"
석진이의 외침이 끝나자마자 회오리바람이 아이들을 덮쳤다.
회오리바람은 방향을 틀어서 남쪽으로 사라졌지만, 아이들은 모
래 속에 묻히고 말았다.
'아, 어떻게 된 거지?'
모래에 묻힌 석진이는 가슴이 답답해져 왔다.
한편 지원이는 모래에 깊에 묻히지 않아 쉽게 모래를 파헤치

고 나왔다.

"휴우, 이제야 살았다. 애들은 어디 있는 거지? 소연아, 석진아, 형준아!"

지원이는 목청껏 아이들을 불렀다. 그러나 아무 대답도 들리지 않았다. 다급해진 지원이는 닥치는 대로 모래를 파헤치기 시작했다. 하지만 곧 지쳐서 그만둘 수밖에 없었다.

그때였다. 지원이 바로 앞쪽에서 누군가의 팔이 쑥 올라왔다. 석진이었다. 지원이는 남은 힘을 다해 석진이의 팔을 잡아끌었다.

"푸우!"

석진이가 모래를 내뱉으며 크게 숨을 쉬었다.

"석진아, 괜찮아?"

지원이가 환하게 웃으며 물었다.

"응. 그런데 다른 애들은?"

석진이가 주위를 두리번거렸다.

"지금 찾고 있는 중이야. 우리 같이 찾아보자."

혼자가 아니라는 생각에 힘이 난 지원이는 석진이와 함께 아이들을 찾기 시작했다. 소연이와 형준이를 큰 소리로 부르면서 주변을 계속 맴돌았다. 그때 모래 위로 또 다른 손 하나가 보였다.

"소연이다!"

석진이와 지원이는 재빨리 모래를 걷어 내고 소연이를 끌어올렸다. 소연이는 탈진한 것 같았다. 지원이가 배낭에서 물통을 꺼내 물을 좀 먹이자 소연이의 얼굴에 혈색이 돌아왔다.

"이제 형준이만 찾으면 되는데······."

세 아이들은 형준이를 부르거나 모래바닥에 귀를 대고 무슨 소리라도 들리는지 살폈다. 그때 지원이의 귀에 신음 같은 게 작게 들려왔다.

"얘들아, 여기야!"

석진이와 소연이가 급하게 달려왔다. 셋은 있는 힘을 다해서 모래를 걷어 냈다. 형준이는 머리를 내밀고 거칠게 숨을 내쉬며 모래를 뱉었다. 무사히 빠져나온 아이들은 마시고 남은 물을 얼굴에 부어 열을 식히고 한숨을 돌렸다.

"그런데 지원이는 어떻게 모래 속에서 빨리 빠져나올 수 있었어?"

석진이가 물었다.

"다행히도 깊이 묻히지 않았거든. 팔을 뻗으니까 손끝에 바람이 느껴졌어."

지원이가 웃으며 대답했다.

"석진이, 넌?"

지원이가 다시 석진이에게 물었다.

"모래에 묻히니까 전혀 방향을 알 수가 없더라고. 그래서 고민 끝에 해결책을 찾아냈지."

"그게 뭔데?"

석진이는 대답 대신 빈 물통을 앞으로 내밀며 말했다.

"어디가 위쪽인지 찾을 수가 없어서 아무 쪽이나 파 볼까 생각했어. 그러다가 손에 들고 있던 물통이 생각나더라고."

"물통으로 모래를 팠구나?"

지원이가 물었다.

"아니야, 물이 어디로 쏟아지는지 알면 어디가 위쪽인지 찾을 수 있겠더라고. 그래서 뚜껑을 열었지. 그런데 물이 내 얼굴을 살짝 적시더니 꺼꾸로 쏟아졌어."

석진이가 말했다.

"거꾸로 모래에 묻혀 있었던 거구나."

지원이는 이제야 이해된다는 듯 고개를 끄덕였다.

소연이는 울다가 눈물이 귀 쪽으로 흘러가서 방향을 알아냈다고 했다. 그런데 형준이는 비밀이라면서 대답을 하지 않는 것이었다. 아무리 물어도 대답하지 않자, 아이들은 포기하고 돌아서려는데 형준이의 젖어 있는 바지가 눈에 띄었다. 아이들은 모두 입을 막고 웃음을 참았다.

잠시 휴식을 취한 아이들은 다시 동쪽으로 길을 떠났다. 얼마 가지 않아 1미터밖에 되지 않는 피라미드 하나가 모래 위에 서 있는 것이 보였다.

"저거 피라미드 아니니?"

소연이가 손가락으로 가리켰다.

"그런 거 같기는 한데, 너무 작다."

지원이의 얼굴에 실망스런 기색이 살짝 어렸다.

그 순간 어디선가 강한 바람이 불어왔다. 아이들은 모래바람 때문에 잠시 눈을 감았다가 떴다. 그러자 피라미드를 덮었던 모래가 걷히고 피라미드가 모습을 드러냈다. 여전히 피라미드는 너무 작았다.

"어? 피라미드가 아래에도 있나 봐."

호기심 많은 형준이가 피라미드 주위를 돌며 유심히 살폈다.

"얘들아! 찾았어! 여기 문이 있어."

형준이가 소리쳤다.

아이들은 형준이가 있는 쪽으로 달려갔다. 그곳에는 사람 하나가 간신히 들어갈 수 있을 정도의 문이 있었다.

피라미드에서 살아남는 법

피라미드 입구에는 작은 우물 하나가 있었고, 피라미드의 문은 굳게 닫혀 있었다.

"문을 어떻게 열어야 하지?"

소연이가 문을 살피며 물었다.

"글쎄, 잘 모르겠는걸."

형준이도 고개를 갸우뚱거렸다.

"이 우물은 뭘까?"

신기하게도 지원이가 말을 하자 물 표면에 동그란 파동이 일었다.

"와! 말을 하니까 수면에 물결 같은 게 생겨!"

지원이가 상기된 얼굴로 말했다.

"네 목소리가 커서 그런 거 아냐?"

형준이가 놀리듯 말했다. 그런데 형준이의 말에 우물이 반응을 했다.

"혹시 말을 알아듣는 우물이 아닐까?"

"에이, 설마."

석진이의 말에 지원이가 고개를 저었다.

아이들이 우물에 관한 이런저런 이야기를 나누고 있는데, 우물이 잠시 요동치더니 무언가가 나타났다.

다른 세계로 이동하려면 12개의 황금열쇠를 찾아내야 한다.
그러기 위해서는 네 가지 문제를 풀어야 한다.
문제는 피라미드의 바닥으로 내려가는 길에 있다.

"이건 우리나라 말이잖아!"

아이들은 모두 깜짝 놀랐다.

도전을 원하면 봉인을 떼어 내라.

"봉인을 떼어 내라고? 저, 저걸까?"

형준이는 피라미드의 입구에 붙은 낡은 종이 한 장을 가리켰다. 종이 위에는 '인'이라는 글자가 적혀 있었다.

"일단 이걸 떼어 내야 할 것 같아."

석진이는 종이를 문에서 떼어 냈다. 그러자 피라미드의 문이 천천히 열렸다. 모두 피라미드 안으로 발을 들여놓자 다시 문이 닫혔다. 이제 돌아갈 수도 없었다. 피라미드 안은 칠흑같이 깜깜했다. 하지만 아이들에게는 모두 랜턴이 하나씩 있어서 크게 불편하지는 않았다.

"어머나, 세상에……. 얘들아, 이것 좀 봐!"

지원이가 사방을 랜턴으로 비추자, 수북이 쌓여 있는 금빛가루가 빛을 냈다.

"이, 이건 황금가루잖아?"

소연이가 천천히 다가가서 조심스럽게 만지며 탄성을 질렀다.

"근데 왠지 느낌이 좋지 않은걸. 그냥 황금가루는 아닐 거야."

석진이가 긴박한 목소리로 경고했다.

"여기 벽에 뭔가가 있어!"

갑자기 형준이가 랜턴으로 벽을 비추며 소리쳤다. 벽에 세 개의 원반과 글씨가 적혀 있는 황금 판이 나타났다. 황금 판에는 이렇게 적혀 있었다.

순서대로 황금 컵에 황금가루를 채워서 원반 위에 올려놓아라.
기회는 단 한 번이다.
만일 시간 내에 문제를 풀지 못하면
더 이상 숨쉴 수 없게 될 것이다.

아이들은 등골이 오싹했다.

"쳇, 그런다고 누가 겁먹을 줄 알아!"

형준이가 주먹을 불끈 쥐었다.

"도대체 황금 컵이 어디 있다는 거야? 또 시간 내에 풀라면서 정확히 몇 시간인지 알려주지도 않고……."

석진이도 답답한 마음을 드러냈다.

그때 황금가루를 만지던 지원이가 황금가루 속에서 황금 컵을 하나 찾아냈다.

"여기도 컵 하나가 있어."

소연이도 황금 컵을 들어 보이며 말했다.

"문제가 너무 쉬운 거 아냐? 여기에 황금가루를 담아서 원반에 채워서 올려놓는 걸 누가 못하겠어?"

지원이가 황금 컵을 원반에 막 올리려고 할 때였다.

"잠깐!"

갑자기 석진이가 외쳤다.

"왜 그래, 석진아?"

형준이가 표정이 굳어진 석진이의 얼굴을 보며 물었다.

"여기 뭔가가 만져져."

석진이가 손을 들어 올리자 해골이 하나 매달려 올라왔다.

아이들은 소리를 지르며 몸을 부르르 떨었다.

"아무 생각 없이 황금 컵을 올려놨다면 우리도 분명히 이렇게 됐을 거야."

석진이가 조심스레 해골을 치우며 말했다.

"그, 그래. 좀 더 생각해 보자."

소연이도 마음을 진정시키며 말했다.

아이들은 두려워지기 시작했다. 경솔한 행동이 어떤 결과를 가져올지 두 눈으로 확인했기 때문이었다.

"음, 황금 컵은 두 개밖에 없는데 원반은 세 개라……."

석진이가 세 개의 원반을 번갈아 보며 여러 가지의 경우를 따져보기 시작했다.

"어딘가에 컵이 하나 더 있는 게 아닐까?"

소연이의 말은 들은 아이들은 황금가루 속을 샅샅이 뒤져 보았다. 하지만 뼛조각만 더 나올 뿐 황금 컵은 없었다.

"그런데 왜 이렇게 숨쉬기가 어렵지?"

소연이가 숨을 고르며 주위를 살폈다.

"저 구멍에서 나오는 기체 때문이 아닐까?"

아이들의 숨이 점점 가빠졌다. 피라미드의 천장에 쳐 있는 오래된 거미줄이 구멍에서 들어오는 바람에 팔랑거리고 있었다.

"애들아, 여기 좀 봐."

소연이가 황금 컵 옆쪽을 손가락으로 가리켰다.

"여기 숫자가 있네?"

석진이가 컵을 자세히 살펴보며 말했다.

"이 컵에도 있어."

지원이도 컵에 있는 숫자를 가리키며 말했다.

소연이가 들고 있는 황금 컵에는 숫자 '7'이 적혀 있었고, 지원이의 컵에는 '10'이 적혀 있었다. 원반에는 5, 8, 9라고 쓰여 있었다.

"아하, 이제 알 것 같아!"

형준이가 자신 있게 소리쳤다.

"두 개의 컵에 새겨져 있는 숫자는 그 컵에 담을 수 있는 양을 말하는 것 같아. 원반에 적힌 숫자는 두 개의 컵으로 그 숫자만큼 황금가루를 담아 올리라는 것 같고 말이야."

"그러니까 황금 컵 하나에 5, 8, 9의 값을 담아서 순서대로 황금가루를 올리라는 거니?"

석진이가 형준이의 말을 거들었다.

"그렇지."

형준이가 고개를 끄덕였다.

"그럼 빨리 하자. 숨쉬기가 힘들어서 오래 버티지 못하겠어."

소연이가 숨이 가쁜지 가슴을 두드리며 재촉했다.

다른 아이들도 큰 숨을 쉬면서 해결책을 찾기 위해 최선을 다했다. 지원이와 소연이는 황금 컵에 황금가루를 담아 옮겼고, 석진이와 형준이는 그림으로 해결해 보려고 노력했다.

"두 개의 컵을 이용해서 어떻게 '5'를 만들 수 있을까?"

석진이가 고민하며 말했다.

"큰 컵의 값이 '10'이니까 반쯤만 넣으면 '5'가 되지 않을까?"

형준이가 대답했다.

"하지만 이 컵은 아래로 갈수록 좁아져서 어디가 정확히 중간인지 알 수 없잖아."

지원이가 둘의 대화에 끼어들었다.

"그거야! 컵의 빈 공간의 값을 이용하면 돼!"

석진이가 갑자기 소리쳤다.

"빈 공간?"

형준이의 눈이 커졌다.

"컵의 용량이 '10'과 '7'이니까 '7'짜리 컵에 황금가루를 가득 채운 뒤 그것을 '10'짜리 컵에 채우면 '3'만큼의 공간이 생기잖아?"

석진이가 문제의 실마리를 찾아냈다.

"그러면 다시 '7'짜리 컵에 황금가루를 채워서 '10'에 넣으면 작은 컵에 '4'라는 값이 새롭게 생기겠네."

지원이가 알겠다는 듯 고개를 끄덕였다.

"그래, 바로 그거야!"

아이들은 동시에 한목소리를 냈다. 얼마 지나지 않아서 아이들은 5, 8, 9 값을 찾아낼 수 있었다. 석진이가 빠르고 정확한 손놀림으로 '5'의 값을 황금 컵에 담아서 첫 번째 원반에 올려놓았다. 그러자 원반이 절반쯤 내려가더니 멈추었다. 석진이는 나머지 두 개의 값도 정확히 황금 컵에 담아서 순서대로 올렸다. 마지막 컵을 올려놓자 마지막 '9'라고 쓰여 있는 원반도 절반쯤 내려갔다. 그러자 "탁" 하는 소리와 함께 세 개의 원반 밑에서 황금열쇠 세 개가 떨어져 나왔다.

"우와, 황금열쇠다! 그런데 열쇠는 세 개인데 구멍은 왜 하나지?"

지원이가 고개를 갸웃했다.

"아무거나 넣으면 되겠지 뭐."

형준이가 구멍에 열쇠를 넣고 돌렸다. 그러자 한쪽 바닥이 열리면서 아래로 내려가는 계단이 나타났다. 그리고 아이들의 숨통이 탁 트였다.

"휴우, 이제야 살 것 같다. 아까는 왜 숨쉬기가 힘들었지?"

소연이가 환하게 웃으며 말했다.

"천장을 보니까 구멍에서 바람이 들어오던데?"

형준이가 천장에 난 구멍을 가리켰다.

"이산화탄소가 나오고 있었던 게 아닐까? 이산화탄소는 공기보다 무거우면서 냄새도 없잖아."

석진이가 수업시간에 들었던 내용을 떠올리며 말했다.

아이들은 그제야 제시간 안에 문제를 해결하라는 경고를 이해할 수 있었다.

"이곳으로 내려가야 하나 봐."

형준이가 깜깜한 계단 통로 입구에 머리를 들이밀며 말했다.

"갈 수 있는 곳도 이곳밖에 없어."

지원이도 한마디 보탰다.

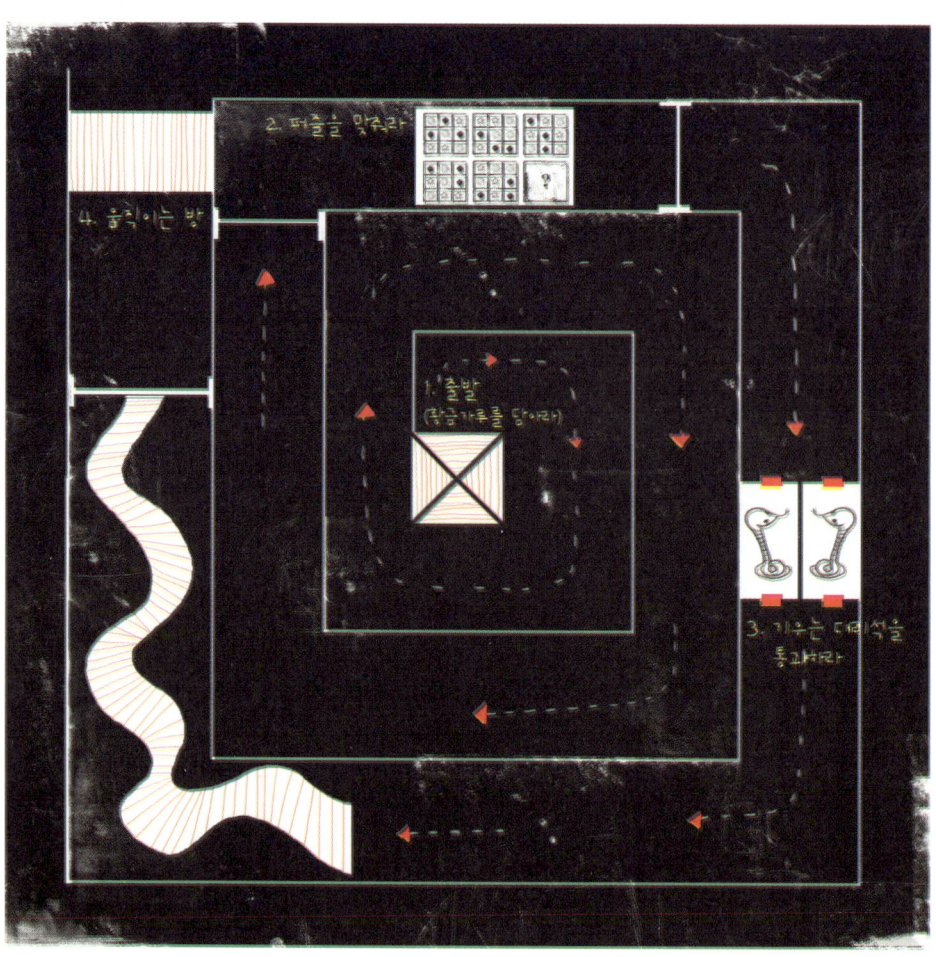

아이들은 해골과 뼈들을 황금가루 속에 잘 묻고는 계단을 따라 내려갔다. 한참 내려가다 보니 문 하나가 나타났다. 석진이가 손잡이를 힘차게 당겼지만 열리지 않았다.

"어? 이건 뭐지?"

먼지가 두껍게 쌓여 있는 상자를 형준이가 가리켰다.

석진이는 손으로 상자 위의 먼지를 쓸어 내고 꼼꼼히 살피기 시작했다. 상자의 위쪽을 살피다가 정사각형 모양으로 툭 튀어나온 부분을 발견하고는 소리쳤다.

"이거다!"

거기에서 3×3 정사각형 퍼즐 다섯 개가 나란히 놓여 있었는데, 정사각형 하나는 비어 있었다. 그리고 그 밑에는 똑같은 크기의 정사각형 퍼즐 여섯 개가 무질서하게 놓여 있었다.

아이들은 한눈에 문제를 어떻게 풀어야 하는지 알 수 있었다. 밑에 있는 여섯 개의 퍼즐 중 하나를 골라서 물음표가 있는 정사각형 자리에 넣어야 했다. 아이들은 지금까지 배운 지식들을 모두 동원해서 여러 가지 경우를 하나하나 생각해 보느라 정신이 없었다.

"너무 어려운걸."

한참 고민하던 형준이가 푸념 섞인 목소리로 말했다.

"나도 규칙을 못 찾겠어."

지원이도 한숨을 푹 쉬었다.

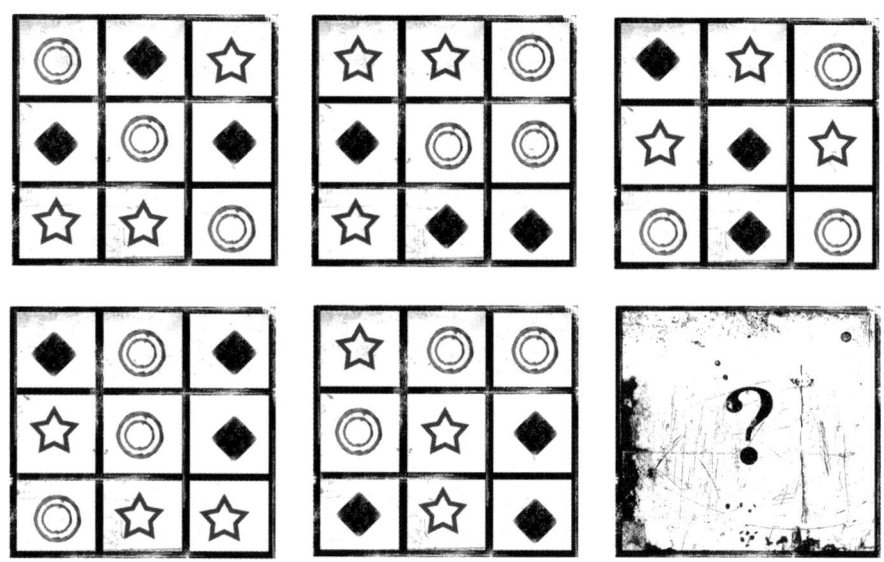

위에 나란히 놓여 있는 여섯 개의 정사각형 퍼즐

아래에 무질서하게 놓여 있는 여섯 개의 정사각형 퍼즐

잠시 침묵이 흘렀다. 아이들의 이마에는 땀방울이 송골송골 맺혔다.

"첫 번째에서 두 번째로 넘어갈 때와 두 번째에서 세 번째로 넘어갈 때의 규칙이 똑같아야 될 거 같아."

생각에 잠겨 있던 지원이가 꽤 그럴듯한 의견을 내놓았다.

"그래, 지원이 말대로 한 칸을 옮길 때마다 일정한 규칙이 있을 것 같아."

석진이가 고개를 끄덕이며 말했다.

"아, 한 가지 찾아냈어!"

형준이가 무릎을 탁 쳤다.

"그게 뭔데?"

아이들은 동시에 형준이를 보며 물었다.

"정사각형 퍼즐 안에는 같은 모양이 모두 세 개씩 있다는 거야."

"그걸 모르는 사람이 어디 있니? 만나지움 문제는 찍어서 맞췄나 봐."

지원이가 한심하다는 듯이 투덜거렸다.

"모두 알고 있었다고?"

형준이는 무안했는지 머리를 긁적이며 고개를 떨어뜨렸다. 발밑에 있는 개미들이 무언가를 열심히 나르고 있었다. 형준이는 갑자기 개미들을 보니 화가 치밀었다.

'내가 이 녀석들 때문에 무슨 고생이냐? 그래, 이 녀석들이라도 밟아야 속이 시원하겠어.'

형준이는 발을 천천히 들어 올리고는 개미들에게 일격을 가하려고 했다. 그런데 개미들의 움직임이 심상치 않았다. 형준이는 발을 가만히 내려놓고는 개미들의 움직임을 살펴보았다.

개미들은 앞서간 개미의 흔적을 따라 쫓아 가고 있었다. 그 많은 개미들이 조금의 오차도 없이 계속해서 같은 길을 지나갔다. 그런데 한쪽 구석에서 묘한 광경이 펼쳐지고 있었다. 그곳엔 구멍이 여러 개 뚫린 주먹만 한 돌 하나가 있었는데, 개미 한 마리가 그 안에서 빠져 나오지 못하고 있었다. 행과 열은 맞지 않았지만 구멍의 개수는 정확히 아홉 개였다.

개미는 1번 구멍에서 나와 5번 구멍으로 들어가더니, 4번 구멍으로 나와 8번 구멍으로 들어갔다. 그리고 6번 구멍에서 나와서 7번 구멍으로 들어갔고, 9번 구멍에서 나와 2번 구멍으로 들어갔다. 이윽고 3번 구멍으로 나온 뒤 1번 구멍으로 다시 들어가는 것을 반복하고 있었다.

형준이는 개미의 행동을 유심히 바라보다가 퍼즐을 언뜻 보았다. 그러자 머릿속에 뭔가 떠오를 듯 말 듯 했다. 답답해서 미칠 지경이었다.

'혹시……?'

드디어 생각이 하나 떠올랐다. 다시 정사각형 퍼즐을 들여다

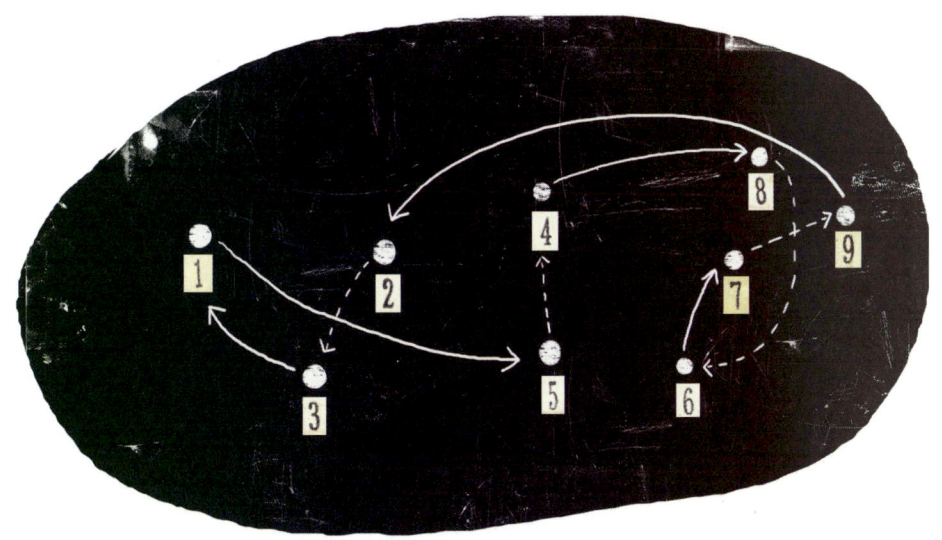

(두꺼운 실선은 돌 위로 지나간 흔적이고 가는 점선은 돌 속으로 지나간 자국임)

본 형준이는 첫 번째 ◎모양이 어디로 이동하는지 살펴보았다.

'◎은 3번, 5번, 6번 중의 어느 하나로 이동했겠군! 그런데 이 세 가지 중 어느 것인지 알 수가 없네?'

형준이는 가만히 두 번째 정사각형 퍼즐을 보았다.

'그렇지! 첫째 단에 있는 ☆의 움직임을 살펴보면 되겠어.'

두 번째 퍼즐에서 ☆이 갈 수 있는 자리를 살펴보았다. 이윽고 세 번째 퍼즐에서 ☆이 이동한 자리가 2번, 4번, 6번이라는 것을 알 수 있었다.

'그래, 맞아! 1번은 6번으로 이동하는 게 틀림없어. 그렇다면……'

"1번은 6번으로, 2번은 4번으로, 3번은 7번으로……."

소리 내어 숫자를 중얼거리던 형준이가 갑자기 네 번째 퍼즐판을 집어 들고는 물음표 자리에 놓았다. 너무 순식간에 일어난 일이라 아무도 형준이를 말릴 수 없었다. 그런데 형준이가 퍼즐을 물음표 위에 내려놓자 "딸깍" 하는 소리가 들려왔다.

"이것 좀 봐."

석진이가 상자 뚜껑을 밀자 뚜껑이 스르르 열렸다. 안에는 4개의 황금열쇠가 있었다. 아이들은 모두 7개의 황금열쇠를 찾은 것이었다.

"야호! 이제 다섯 개만 찾으면 돼."

지원이가 기뻐서 소리쳤다.

"형준아, 어떻게 네 번째 퍼즐인 줄 알았니?"

석진이가 고개를 갸우뚱거리며 물었다.

"개미들이 가르쳐 주던걸?"

형준이가 여유 있게 웃어 보였다.

아이들은 한결 가벼워진 발걸음으로 계단을 내려갔다. 얼마 가지 않아서 문이 없는 두 개의 입구에 도착했다. 안쪽으로 잘 닦인 대리석 길이 나 있었고, 그 끝에는 입구와 같은 위치에 두 개의 출구가 있었다.

"여기를 지나가야 하나 봐."

모험심이 강한 형준이가 먼저 나섰다. 형준이는 왼쪽 입구 안으로 들어가 대리석 바닥에 올라서서 두 걸음을 떼었다. 그러자 형준이 쪽으로 바닥이 기울기 시작했다. 그대로 달려 나가도 출구까지 갈 수 없을 것 같았다. 출구까지는 스무 걸음 정도가 더 남아 있었다.

'안 되겠어. 다시 돌아가야지.'

형준이는 몸을 급히 돌려서 입구로 되돌아 오려고 했다. 그런데 갑자기 몸이 미끄러지듯이 아래로 쏠렸다.

"앗, 저건!"

여러 마리의 뱀들이 우글거리고 있는 게 보였다.

"형준아!"

그 순간 지원이가 팔을 뻗어 형준이의 팔을 잡아챘다.

"어서 나 좀 끌어 줘!"

지원이가 소리치자 석진이와 소연이가 지원이를 잡아당겼다. 그러자 형준이가 딸려 올라왔다.

"휴우, 고마워, 지원아. 근데 이 길은 아닌가 봐. 오른쪽 입구로 들어가야겠어."

형준이가 다시 오른쪽 입구로 가려고 하자, 석진이가 불러 세웠다.

"잠깐! 이곳도 기울지 모르잖아. 우선 발을 한번 디뎌 보고 가자."

석진이가 형준이를 뒤로 밀어내고 대리석을 밟았다. 그러자

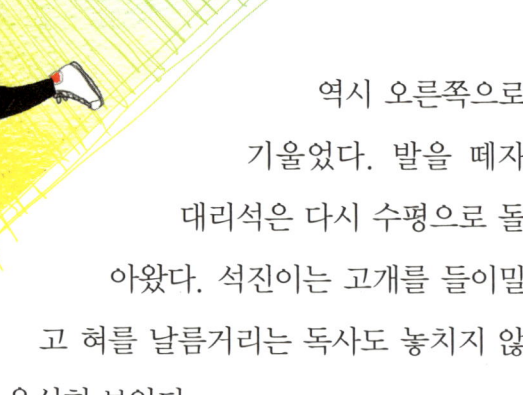

역시 오른쪽으로 기울었다. 발을 떼자 대리석은 다시 수평으로 돌아왔다. 석진이는 고개를 들이밀고 혀를 날름거리는 독사도 놓치지 않고 유심히 보았다.

"이 길을 그냥 가다가는 미끄러져서 독사의 소굴에 떨어지고 말 거야."

"그럼 어떻게 해?"

지원이가 걱정스런 목소리로 물었다.

아이들은 다시 고민에 빠졌다. 방법이 쉽게 떠오르지 않았다.

"내게 좋은 생각이 있어."

소연이가 갑자기 소리쳤다.

"뭔데?"

형준이와 지원이가 입을 맞춘 것처럼 동시에 물었다.

"석진이는 몸무게가 몇이니?"

"42킬로그램인데 왜?"

석진이가 의아스런 표정을 지었다.

"형준이 너는?"

소연이는 형준이에게도 같은 질문을 했다.

"난 38킬로그램이야."

형준이가 대답했다.

"지원이는?"

지원이가 머뭇거리다가 소연이의 귀에 대고 살짝 말했다.

"난 35킬로그램야."

그러자 소연이가 고개를 끄덕이며 말했다.

"내가 30킬로그램이니까 석진이와 함께 오른쪽 길로 달릴게. 너희 둘은 왼쪽 길로 달려. 단 동시에 출발해서 동시에 도착해야 해. 그리고 지원이는 바깥쪽에서 달려야 해."

다른 아이들은 그제야 소연이의 생각을 알아채고 짝지어 섰다. 소연이는 석진이를 바깥쪽에 세웠다.

"셋 하면 출발하는 거다. 하나, 둘, 셋!"

소연이가 큰 소리로 외쳤다.

네 아이들이 동시에 달리자 대리석 길이 수평을 유지하다가 왼쪽으로 서서히 기울기 시작했다. 이러다가는 출구로 나가기가 힘들 것 같아 보였다.

그 순간 석진이가 바깥쪽으로 약간 몸을 옮기자 다시 길이 수평이 되었다.
"야호!"
아이들은 무사히 대리석 길을 벗어나자 환호성을 올렸다.
"다음은 무엇이 우리를 기다리고 있을까?"
소연이가 독사를 보고 놀란 가슴을 쓸어내리며 중얼거렸다.
"이번이 마지막이었으면 좋겠어."
지원이도 안도의 한숨을 내쉬었다.

12개의 황금열쇠

아이들은 다음 문제가 있는 곳을 찾아 걸음을 옮겼다. 한참 동안 계단을 내려가니 이번에는 꼬불꼬불한 길이 나왔다. 그 길을 따라 조금 걸어가니 넓은 공간이 나왔고, 그 뒤로는 벽이 가로막고 있었다. 벽 한쪽에는 황금열쇠 여섯 개가 반듯하게 끼워져 있었다. 그리고 그 옆에는 열쇠를 끼울 수 있는 구멍 여섯 개가 나 있었다.

"이제 다 찾았다. 모든 게 해결됐어!"

형준이가 기쁨에 찬 목소리로 소리쳤다. 아이들은 모두 승리의 환호를 외쳤다.

"어? 그런데 이상한 게 있어."

지원이가 열쇠를 꺼내며 말했다.

"분명히 열두 개의 열쇠를 찾으라고 했는데 열세 개잖아."

순간 아이들의 표정이 굳어졌다.

"그럼 이 중에서 하나는 가짜라는 거야?"

형준이가 황금열쇠를 보며 막막하다는 표정을 지었다.

"그럴지도 몰라."

석진이도 한숨을 쉬며 말했다.

열쇠가 걸려 있는 벽을 자세히 살펴보니 양팔저울이 부조로 새겨져 있었다. 양팔저울 중앙에는 고리가 하나 있었고, 그 아래 이런 글이 쓰여 있었다.

결과를 알려면 열쇠를 양쪽에 걸고 고리를 당겨라.

"일단 열쇠를 모두 모아 보자."

형준이가 벽에 붙어 있는 여섯 개의 열쇠를 모두 떼어 냈다. 그러자 "우웅" 하는 소리가 나기 시작했다.

"이게 무슨 소리지?"

"별거 아닐 거야."

석진이가 두려워하는 소연이를 안심시켰다.

아이들은 열세 개의 열쇠를 모두 한곳에 모았다. 그러자 벽 한쪽이 밝아지면서 글씨가 드러났다.

**열세 개의 황금열쇠 중
무게가 다른 황금열쇠 하나를 찾아라.
단, 양팔저울을 세 번만 사용하라.**

형준이는 여행 오기 전날 꿨던 꿈을 떠올렸다.

"이 문제 말이야……. 내가 꿈속에서 봤던 것과 비슷해. 근데 답은 모르겠어."

"그럼 꿈에서 봤던 문제를 자세히 말해 봐."

지원이가 형준이를 보며 말했다.

"꿈속에서는 양팔저울을 두 번만 사용해서 네 개의 황금열쇠 중 무게가 다른 하나를 찾으라고 했어."

"네 개 중에서 한 개라······."

석준이는 아랫입술을 지그시 깨물었다.

"우선 열쇠에 번호를 매겨서 생각해 보는 게 좋을 것 같아."

형준이가 먼저 아이디어를 냈다.

지원이가 동그라미 네 개를 그려놓고 원 안에 1부터 4까지 썼다.

"네 개니까 양쪽에 두 개씩 올려서 생각해 보자."

지원이가 양팔저울을 땅바닥에 그리면서 말했다.

"우선 ① ② 열쇠를 왼쪽에, ③ ④를 오른쪽에 올려 보자. 만일 왼쪽으로 기울어진다면······."

"당연히 왼쪽에 무거운 게 있다는 뜻이지."

석진이의 말이 채 끝나기도 전에 형준이가 끼어들었다.

"오른쪽에 가벼운 게 있다는 뜻도 되는 거 아냐?"

소연이도 한마디 했다.

"무게가 다른 게 있는지 모르니까 저울을 한 번 더 사용해서 답을 찾기는 어려운 거 같아."

형준이가 말했다.

"맞아. 네 개의 열쇠 중에 무게가 다른 게 하나 있는 경우 양쪽에 두 개씩 올려서 비교하면 무조건 어느 한쪽으로 기울게 되어 있어. 그러니까 측정할 수 있는 기회만 줄어들게 되는 것 같아."

석진이가 가능성의 범위를 좁혔다.

"그럼 양쪽에 하나씩 달아 보지 뭐."

"그거 좋은 생각이야."

형준이가 별 생각 없이 던진 말에 석진이가 진지하게 대꾸했다.

"그럼 ①과 ②를 각각 왼쪽과 오른쪽에 달아 보면 되겠구나."

지원이가 말했다. 아이들은 잠시 경우의 수를 생각해 보았다.

"①이 무거워서 왼쪽이 내려가는 경우와 ②가 무거워서 오른쪽이 내려가는 경우가 있겠는걸."

지원이가 말했다.

"그건 ②가 가벼워서 왼쪽이 내려가는 경우와 ①이 가벼워서 오른쪽이 내려가는 경우로 볼 수 있는 거 아니니?"

지원이가 고개를 갸우뚱하며 말했다.

"①과 ②가 평형을 이룰 수도 있어."

석진이가 둘의 대화에 끼어들었다.

"그렇게 되면 ③과 ④ 중에 무게가 다른 하나가 있다는 말이겠구나."

형준이가 해석을 덧붙였다.

"평형을 이루면 어떻게 답을 찾을 수가 있지?"

듣고 있던 소연이가 물었다.

"그건 ① ②가 가짜 열쇠가 아니라는 뜻이니까, ① ② 중 하나를 택해서 ③ ④ 중에서 하나와 비교하면 될 것 같아."

소연이가 석진이의 말에 이해된다는 듯 고개를 끄덕였다.

"그럼 무게가 다르게 나온 경우도 쉽게 해결되겠네."

옆에 있던 형준이가 말했다.

"① ②가 평형을 이루지 않는다면, ③ ④가 가짜 열쇠가 아니지. 하지만 먼저 평형을 이룬 경우와 먼저 기울어진 경우에는 조금 차이가 있어."

석진이가 말했다.

"뭐가 다르다는 거야?"

형준이가 따지듯이 석진이에게 물었다.

"그건 나중에 얘기하자. 지금은 열두 개의 열쇠를 찾아야 하니까."

"자식, 사람 답답하게 만드네."

석진이는 형준이의 핀잔에 대꾸도 하지 않은 채, 열세 개의 열쇠 중에서 가짜를 찾아내는 데 열중했다.

"그런데 말이야. 방이 자꾸 좁아지는 것 같아."

형준이가 랜턴을 들고 벽을 살피며 말했다.

"얘들아, 이리로 와 봐. 벽이 움직이고 있어!"

갑자기 형준이가 소리쳤다.

아이들은 여섯 개의 열쇠를 떼어 냈을 때 들렸던 소리의 정체를 곧 알게 되었다. 다행히 좁혀오는 벽의 속도는 그리 빠르지 않았다. 적어도 세 시간은 여유가 있어 보였다.

"조금 전에 푼 열쇠 문제처럼, 이 문제도 몇 개씩 나눠서 비교해야 되는지 알아내는 게 가장 중요할 거야. 혼자 생각하는 것보다는 둘씩 짝을 정해서 생각해 보는 게 더 도움될 것 같아."

석진이가 방향을 제시했다.

"세 번에 가짜 황금열쇠를 찾으려면 적어도 세 개나 네 개, 혹은 다섯 개나 여섯 개씩은 묶어서 비교해야 알 수 있지 않을까?"

지원이가 말했다.

"아까는 네 개 중에서 한 개를 찾기 위해 한 개씩 비교했으니까, 열세 개 중에 한 개를 찾으려면 세 개나 네 개씩 짝지어 비교해 보는 게 좋을 것 같아."

석진이가 경우의 수를 줄여 나갔다.

"그런데 만일 다섯 개나 여섯 개씩 짝을 지어야 한다면 어쩌지? 그럼 낭패잖아."

소연이가 걱정하며 말했다.

"지금은 시간이 촉박해서 모든 경우를 다 따져 볼 수는 없어."

석진이가 다시 냉철하게 판단을 내렸다.

"우선 세 개씩 나눠 비교하는 것에 대해 해결책을 찾아보는 건 어때? 쿤타롤 대회 때처럼 팀을 이뤄서 말이야."

지원이가 말했다.

"그렇게 하지 뭐."

소연이가 고개를 끄덕이며 석진이 곁으로 다가갔다.

"그럼 난 지원이와 함께 네 개씩 나누는 것에 대해 생각해 볼게."

형준이는 지원이와 다시 짝을 이루었다.

아이들은 서로 맡은 문제를 해결하기 위해 이것저것 따져 보기 시작했다. 서로 비슷한 상황이 나오면 함께 상의하면서 최선을 다했다. 그러는 사이에도 벽은 조금씩 아이들을 조여 오고 있었다.

소연이와 석진이는 바닥에 1부터 13까지의 숫자들을 써 놓고 세 개씩 짝 지었다. 그러자 네 개의 묶음이 만들어졌고 13번 열쇠만 낱개로 남았다.

"먼저 ①②③ / ④⑤⑥을 비교해 보자."

"그래."

소연이의 말에 석진이가 고개를 끄덕였다.

"저울이 오른쪽으로 기울면 어떻게 될까?"

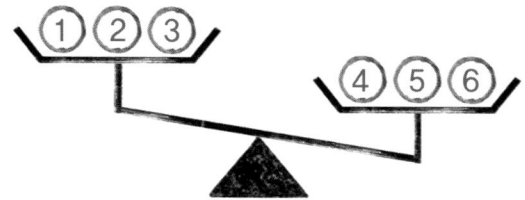

"그렇게 되면 ① ② ③ 중에 가벼운 열쇠가 있거나 ④ ⑤ ⑥ 중에 무거운 열쇠가 있다는 말이지."

소연이의 말이 끝나자 잠시 침묵이 흘렀다. 그 다음에는 무엇을 비교해야 할지 금방 생각나지 않았다.

지원이와 형준이는 작은 돌멩이들을 구해 와서 숫자를 적고 이것저것 비교해 보고 있었다.

"일단 네 개씩 나누면 ① ② ③ ④, ⑤ ⑥ ⑦ ⑧, ⑨ ⑩ ⑪ ⑫, ⑬이야. 우선 ① ② ③ ④ 와 ⑤ ⑥ ⑦ ⑧을 비교했을 때 어떤 경우가 있을까?"

지원이가 먼저 입을 열었다.

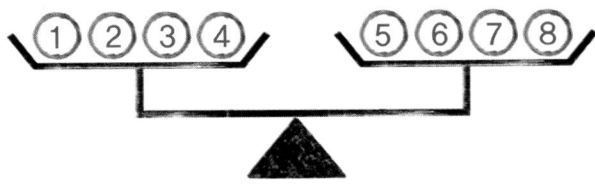

"한쪽으로 기울거나 평형을 이루겠지."

형준이가 대답했다.

"우선 평형을 이뤘을 때부터 생각해 보는 게 어때?"

지원이가 제안했다.

"그래, 쉬운 문제부터 해결해 가는 게 지름길이라고 울 아빠가 늘 말씀하셨어."

형준이가 고개를 끄덕이며 말했다.

"평형을 이뤘다는 것은 ①부터 ⑧까지가 모두 황금열쇠라는 뜻이니까, ⑨부터 ⑬ 중에 가짜 황금열쇠가 있단 말이겠군."

지원이가 말했다.

"다섯 개 열쇠 중에서 한 개를 찾는 문제는 꿈속에서 봤던 거랑 비슷해."

형준이가 정신을 집중하며 말했다.

"여기서는 진짜 황금열쇠가 많이 있으니까 더 쉽게 찾을 수 있을 거야."

"그거 좋은 생각이야. 그럼 진짜 황금열쇠 여덟 개와 비교하면서 찾아보자."

지원이와 형준이는 다섯 개의 황금열쇠 가운데서 가짜 황금열쇠를 찾는 경우를 따져 보기 시작했다.

어느새 방은 절반으로 좁혀졌지만 아이들은 두려움보다 문제를 푸는 재미에 푹 빠져 갔다.

갑자기 소연이가 숫자들을 다시 배열하기 시작했다.

그 모습을 본 석진이가 고개를 끄덕이며 말했다.

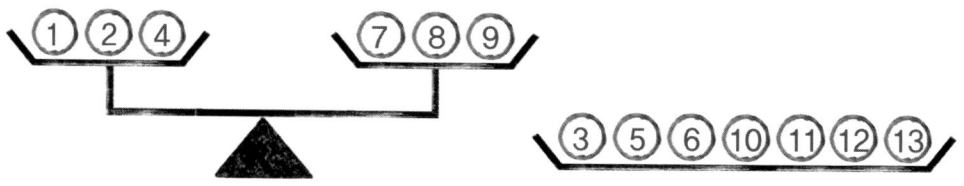

"가벼운 왼쪽에서 ③만 빼내고, 오른쪽은 진짜 황금열쇠로 모두 바꾼다는 말이구나."

"만일 이렇게 비교했을 때 평형을 이루면 ③ ⑤ ⑥ 중에 가짜 황금열쇠가 있다는 말이지. 하지만 처음과 같은 결과가 나온다면 ① ② 중에 가벼운 열쇠가 있다는 말이지."

소연이가 말했다.

"그러면 반대로 왼쪽으로 기운다면 ④가 무거운 열쇠라는 말이겠구나."

석진이가 대답하자 소연이가 웃었다.

석진이가 ③ ⑤ ⑥ 중에서 무게가 다른 하나를 알아내는 방법을 알아내지 못하자, 소연이와 석진이는 세 개의 황금열쇠 중에서 가짜 황금열쇠를 골라내는 방법을 찾기 위해 머리를 맞댔다.

"알았다!"

지원이는 황금열쇠로 확정된 ① ②를 왼쪽에 올려놓고, 한 번도 측정해 보지 않은 ⑨ ⑩을 오른쪽에 올려놓았다.

"여기서 평형을 이루면 세 번째 측정에서 ⑪ ⑫를 올려놓으면 돼. 만일 한쪽으로 기울면 ⑨ ⑩ 중에 가짜 황금열쇠가 있는 거지."

지원이가 확신하며 말했다.

"그럼 ⑨ ⑩ 중에 가짜 황금열쇠가 있을 때는 어떻게 찾지?"

형준이가 물었다.

"그거야 간단하지. 둘 중에 하나를 진짜 황금열쇠와 비교하면 되잖아."

"만약 세 번째에서 ⑪ ⑫ 쪽으로 기울면 어쩌니?"

다시 형준이가 물었다. 그러자 자신만만하던 지원이의 표정이 갑자기 일그러졌다. 세 번을 모두 사용했기 때문에 ⑪ ⑫ 중에 가짜 황금열쇠가 있다는 것은 알아냈지만, 둘 중에 어느 것인지는 알 수 없었다.

형준이가 순금인 ① ② ③과 측정해 보지 않은 ⑨ ⑩ ⑪을 두 번째 측정에서 비교해야 할 것 같다고 말했다.

"그렇게 했을 때 양쪽이 평형을 이루면 다행이지만, ⑨ ⑩ ⑪ 쪽으로 기울면 셋 중에서 무게가 다른 하나를 한 번에 어떻게 찾을래?"

지원이가 물었다.

"그건 어렵지 않아. ⑨ ⑩을 양쪽에 나누어 비교해서 평형을 이루면 ⑪이 가짜 황금열쇠이고, ⑨ ⑩이 한쪽으로 기울면 무거운 쪽의 열쇠가 가짜 황금열쇠이겠지."

형준이가 별것 아니라는 듯 대답했다.

"오, 주형준! 대단한걸? 너의 새로운 모습을 너무 많이 보는 것 같다."

형준이와 지원이는 장난을 칠 정도로 여유가 생겼다. 하지만 그러는 사이에 방은 3분의 1로 좁혀졌다.

형준이와 지원이가 해법을 찾는 동안, 석진이와 소연이도 ③ ⑤ ⑥ 중에서 무게가 다른 하나를 알아내는 방법을 찾아냈다.

"⑤ ⑥을 비교해서 평형을 이루면 ③이 가벼운 열쇠이고, 어느 한쪽으로 기울면 기운 쪽이 무거운 열쇠니까 가짜 황금열쇠가 되겠구나. 이렇게 간단한 것을 왜 이제야 알아냈을까?"

소연이가 미소를 띠며 말했다.

"이제 평형이 아닌 경우는 해결했으니까, 평형을 이루는 경우에 대해 생각해 보자."

석진이는 바닥에 써 놓은 숫자를 한동안 바라보았다.

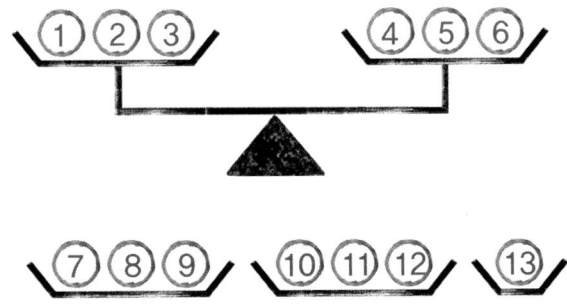

"⑦ ⑧ ⑨ ⑩ ⑪ ⑫ ⑬ 중에서 무게가 다른 열쇠를 두 번에 찾을 수 있을까?"

석진이가 조금 침울한 표정을 지으며 입을 열었다.

"우선 ⑦ ⑧ ⑨를 진짜 황금열쇠인 ① ② ③과 비교해 보면 어떠니?"

소연이가 물었다.

"아마 평형을 이루거나 한쪽으로 기울겠지."

석진이가 대답했다.

"어느 한쪽으로 기울면 해결할 수 있는데, 만일 평형을 이루면 남아 있는 네 개의 열쇠 중에서 가짜 황금열쇠를 한 번에 찾을 수 있을까?"

소연이가 ⑩ ⑪ ⑫ ⑬을 따로 그려 놓으며 말했다.

"진짜 황금열쇠와 네 개를 비교해도 단 한 번의 측정으로 가짜 황금열쇠를 찾기는 힘들어."

석진이가 말했다.

"그러면 형준이와 지원이가 했던 방법으로 해 보는 수밖에 없겠구나."

소연이와 석진이는 고민해서 찾아낸 방법을 가지고 지원이와 형준이에게로 다가갔다.

형준이와 지원이는 왼쪽이 기울도록 만들고 있었다.

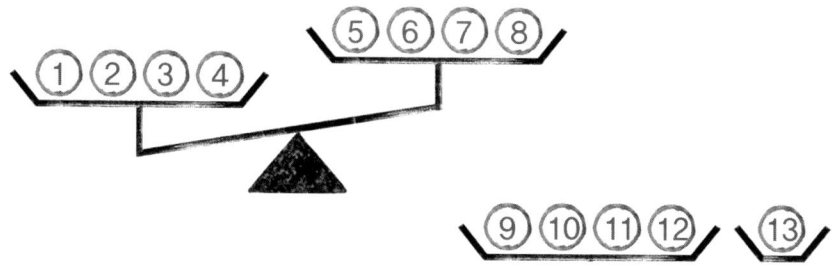

석진이가 돌멩이들을 가지고 조작하고 있는 형준이를 불렀다.
"너희는 해결했니?"
하지만 형준이는 대답 대신 석진이와 소연이에게 되물었다.
"아니, 세 개씩 묶어서는 해결할 수가 없어."
소연이가 풀 죽은 목소리로 말했다.
"그럼 네 개씩 묶는 방법을 같이 생각해 보자."
네 아이들은 지금까지 고민해 온 방법들을 가지고 함께 해결 방법을 찾아내는 데 몰두했다.
"그래, 어디까지 해결한 거야?"
소연이가 지원이에게 물었다.
"평행인 경우는 해결했는데, 한쪽으로 기울게 되는 경우는 잘 모르겠어."
지원이가 여덟 개의 돌멩이들을 만지작거리며 말했다.
"그럼 우리가 사용했던 방법을 써 보면 어떨까?"
"어떤 방법인데?"
지원이가 묻자, 소연이는 왼쪽에 있는 ① ② ③은 그대로 두고 ④만 빼낸 뒤 오른쪽에 있는 ⑤를 다시 왼쪽으로 옮기고 다시 오른쪽에는 진짜 황금열쇠인 ⑨ ⑩ ⑪ ⑫를 올려놓고 비교하였다.
"이렇게 하면 오른쪽이 모두 진짜 황금열쇠이기 때문에, 만일 평형을 이루면 ① ② ③ ⑤가 모두 진짜라는 말이 돼. 그리고 ④ ⑥ ⑦ ⑧ 중에 가짜 황금열쇠가 있게 되지."

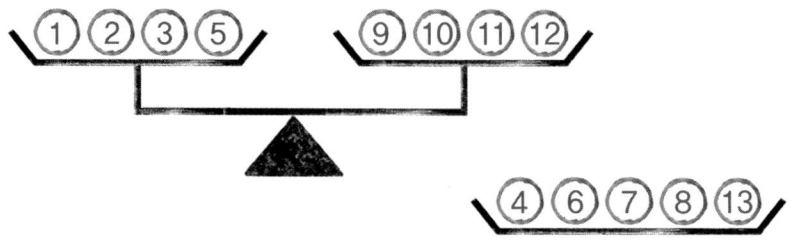

석진이가 소연이의 말을 이어받아 설명했다.

"그러면 평형을 이루지 않는 경우는 두 가지가 되겠네?"

지원이도 이해가 가는 표정이었다.

"왼쪽으로 기울면 ① ② ③ 중에 무거운 열쇠가 있다는 말이니까 한 번에 해결할 수 있어. 그리고 오른쪽으로 기울면 더 측정할 필요가 없지."

형준이가 돌을 옮기며 말했다.

석진이와 소연이가 "맞아!" 하고 동시에 외쳤다.

어느새 벽은 아이들의 눈에도 또렷이 보일 만큼 가까이 다가와 있었다.

"이제 ④ ⑥ ⑦ ⑧ 중에서 무게가 다른 가짜 황금열쇠를 찾기만 하면 되겠구나."

지원이가 안도의 한숨을 쉬며 말했다. 그런데 석진이의 표정이 별로 좋지 않아 보였다.

"애들아, ④ ⑥ ⑦ ⑧은 한 번에 해결할 수가 없어. 앞에서도 해 봤듯이 네 개 중에서 하나를 찾는 것은 한 번에 할 수가 없거든."

곰곰이 생각하던 석진이의 입에서 절망적인 이야기가 흘러나오자 아이들 모두 당황해 했다.

"그, 그럼 어떻게 해?"

소연이가 떨리는 목소리로 물었다.

"미지의 값이 네 개가 되지 않도록 만들어야지."

급박한 상황이었지만 석진이는 침착하게 말했다.

"그러면 두 번째 측정할 때 양쪽에 다섯 개씩 올려놓으면 어떻겠니? 예를 들어……."

소연이가 막 말을 하려고 할 때 갑자기 다가오던 벽이 멈추었다.

"어? 벽이 멈췄네? 우리에게 시간을 더 주려고 그러나?"

형준이가 가까이 다가온 벽을 손으로 짚어 보며 말했다.

하지만 아이들은 벽이 멈춘 이유를 곧 알게 되었다.

"쿠쿵, 쿵" 커다란 소리와 함께 천장이 내려오기 시작했다. 벽이 좁혀 오는 속도와는 비교할 수 없이 빨랐다. 천장의 높이는 10미터 정도 되어 보였지만 내려오는 속도가 너무 빨라서 5분 정도면 벽에 붙어 있는 양팔저울이 가려져 버릴 것 같았다.

"어쩔 수 없어. 직접 양팔저울에 열쇠를 올려놓으면서 측정해야겠어."

형준이의 말에 지원이가 너무 무모한 짓이라며 말렸다.

하지만 생각할 시간이 얼마 안 남았다며 석진이는 조심스럽게 양팔저울의 양쪽에 열쇠를 네 개씩 올려놓고 고리를 당겼다. 모두들 평형을 이루기를 간절히 기도했다. 하지만 아이들의 기대와는 다르게 저울이 오른쪽으로 기울어졌다. 이제 두 번째 측정을 해야 할 시간이었다.

"양쪽에 다섯 개씩 올려 보자."

소연이가 좀 전에 자신이 제안했던 것을 다시 말하자, 지원이가 배열 방법을 다급하게 물었다.

"쿠쿠쿠쿵, 쿠쿠쿵!"

천장에서 더 큰 소리가 났다. 천장은 벌써 반 이상 내려와 있었다.

'네 개가 되지 않게 해야 한다면 다섯 개 안에는 측정 결과가 다른 것을 세 개와 두 개로 쌍을 지어 넣어서······.'

"콰쾅, 콰아앙!"

형준이가 해답을 찾아갈 때 다시 한 번 천장에서 커다란 굉음이 들려왔다. 천장은 아이들의 머리에서 1미터 위까지 내려왔다. 이제 정말 일분일초라도 아껴야 할 상황이었다.

"아, 알겠어!"

형준이의 외침에 아이들은 모두 형준이를 바라보았다. 형준이는 재빠르게 열쇠를 옮기고 고리를 당겼다. 그러자 이번에도 오른쪽으로 기울었다.

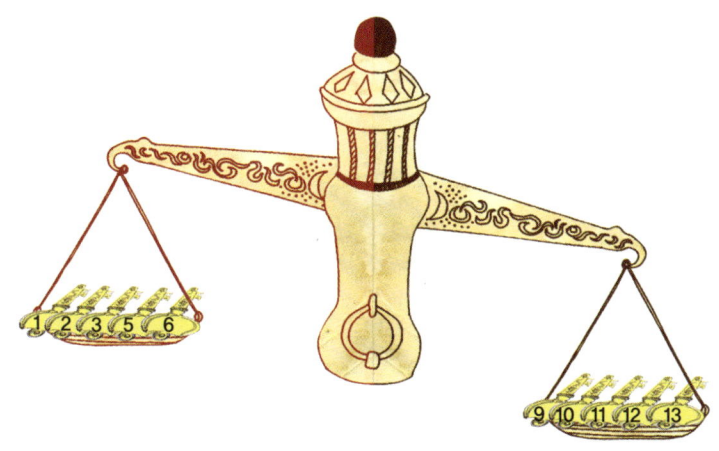

"① ② ③ 중에 가벼운 열쇠가 있어."

형준이의 목소리가 좁은 공간에 울려퍼졌다.

이번에는 소연이가 ① ②를 양쪽에 올려놓고 고리를 당겼다. 그러자 저울이 평형을 이루었다.

"쿠우우웅, 콰쾅!"

이제 천장은 아이들의 머리 바로 위까지 내려왔다. 다행히 열쇠를 끼워야 할 위치가 아이들의 배꼽 높이 정도에 있어서 시간은 조금 있었다.

"빨리 열쇠를 끼우자!"

석진이의 말이 떨어지자, 아이들은 세 번째 있던 열쇠만 남기고 열두 군데의 홈에 열쇠를 모두 끼워 넣었다. 하지만 천장은 멈추지 않고 계속 내려왔다.

"어떻게 된 거지? 혹시 이걸 또 당겨야 하는 거 아냐?"

형준이의 말이 떨어지기가 무섭게 소연이가 고리를 잡아당겼다.

"끼익, 텅!"

커다란 바위와 마찰하는 듯한 소리와 함께 천장이 멈추었다. 그리고 열쇠가 있던 자리에는 오래되어 보이는 작은 나무문이 하나 나 있었다. 석진이가 조심스레 문을 열었다. 그러자 그 안에서 빛이 나오면서 아이들이 문 안으로 빨려 들어가기 시작했다. 주변이 온통 밝은 빛으로 변하면서 아이들의 몸이 깃털처럼 가벼워졌다. 아이들은 2차원의 통로로 진입한 것이다. 어둠이 잠깐 스치더니 다시 3차원의 밝은 빛이 아이들을 끌어당겼다.

잠시 후 아이들은 다시 아프리카 밀림 속의 작은 물웅덩이로 돌아왔다. 물웅덩이 옆에는 석진이가 던진 1바트 동전이 그대로 놓여 있었다. 개미 떼가 훑고 지나간 평원에는 무성했던 숲은 사라지고 여린 싹들만이 돋아나 있었다.

"지원아! 소연아! 형준아! 석진아!"

그리 멀지 않은 곳에서 아이들을 애타게 부르는 누군가의 목소리가 들려왔다. 아이들은 몸을 일으켰다.

"여기요, 우리 여기 있어요!"

지원이가 남은 힘을 다해서 소리쳤다. 다른 아이들도 함께 외쳤다. 그러자 사람들이 그 소리를 듣고 몰려오기 시작했다.

구조대 한 명이 아이들을 발견하고는 일행을 불렀다. 그러자 뒤따라왔던 삼촌이 구조대원들 틈을 헤치고 단숨에 달려왔다. 아이들이 모두 무사한 것을 확인하자, 와락 껴안으며 울먹거렸다.

"살아 있었구나! 얘들아, 삼촌이 너희들을 제대로 지켜 주지 못해서 정말 미안하다."

"하지만 나름대로 스릴이 있었어요!"

형준이가 솔직하면서도 재치 있게 대답했다.

아이들은 서로를 바라보면서 생각지도 못했던 아프리카의 다른 모습을 떠올렸다.

"삼촌, 정말 보고 싶었어요! 다신 못 보게 될까 봐 두려웠다고요!"

지원이는 삼촌 품에 안겨서 엉엉 울었다.

그때 헬기 한 대가 요란하게 소리를 내며 일행이 있는 곳으로 내려앉았다.

"어, 엄마다! 엄마!"

소연이가 헬기에서 가장 먼저 내린 엄마를 보자 환호성을 지르며 달려갔다. 다른 부모님들도 차례대로 헬기에서 내려 아이들이 있는 곳으로 달려왔다.

형준이도 그리웠던 부모님의 품에 안겼다. 이렇게 엄마 아빠의 품이 따뜻한지 몰랐다. 형준이 엄마는 굵은 눈물을 흘리며 형준이를 꽉 끌어안았다.

"아빠, 이제 축구화 사 주세요. 문제를 풀었거든요!"

형준이는 눈물을 훔치고 이를 드러내며 씨익 웃었다. 까맣게 탄 얼굴이라 유난히 하얀 이가 돋보였다.

그날 저녁, 아이들은 부모님들과 함께 한국행 비행기에 몸을 실었다. 그리고 피곤했지만 믿기지 않는 아프리카의 경험담을 들으며 기분 좋게 이야기꽃을 피웠다. 아이들은 무섭고 힘든 여행이었지만, 이곳으로 다시 한 번 꼭 오자며 눈짓으로 서로 약속하고 있었다.

―― 주니어김영사의 수학동화 시리즈 ――

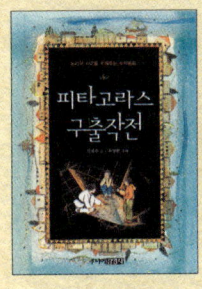

문제해결 능력을
키워주는 수학동화

피타고라스 구출작전

김성수 글 | 최영란 그림 | 11,000원 | 초등 중학년 이상

YES 24 이달의 책 선정도서. 2006 경기도학교도서관사서협의회 권장도서.
책읽는교육사회실천회의 권장도서. 책따세 2006 여름 추천도서.
부산시교육청 선정 3·4학년 추천도서.

집중력을
키워주는 수학동화

플라톤 삼각형의 비밀

김성수 글 | 최영란 그림 | 11,000원 | 초등 중학년 이상

문제해결 능력을
키워주는 수학동화

탈레스 박사와
수학영재들의 미로게임

김성수 글 | 유준재 그림 | 11,000원 | 초등 중학년 이상
서울시교육청 선정 3·4학년 추천도서.

논리적 상상력을
키워주는 수학동화

함정에 빠진 수학

권재원 글 | 남궁선하 그림 | 11,000원 | 초등 중학년 이상